构建

高校实践教育教学全方位运行管理模式

——吉林大学实践教学管理文件汇编

蔡印 主编

吉林大学出版社

·长春·

图书在版编目（CIP）数据

构建高校实践教育教学全方位运行管理模式 / 蔡印
主编. -- 长春 : 吉林大学出版社, 2024.3
　　ISBN 978-7-5768-1719-5

　　Ⅰ.①构… Ⅱ.①蔡… Ⅲ.①高等学校－教学管理－
管理模式－研究 Ⅳ.①G647.3

　　中国国家版本馆CIP数据核字(2023)第101223号

书　　　名：构建高校实践教育教学全方位运行管理模式
GOUJIAN GAOXIAO SHIJIAN JIAOYU JIAOXUE QUANFANGWEI YUNXING GUANLI MOSHI

作　　者：蔡　印
策划编辑：殷丽爽
责任编辑：殷丽爽
责任校对：刘守秀
装帧设计：李文文
出版发行：吉林大学出版社
社　　址：长春市人民大街4059号
邮政编码：130021
发行电话：0431-89580028/29/21
网　　址：http://www.jlup.com.cn
电子邮箱：jldxcbs@sina.com
印　　刷：天津和萱印刷有限公司
开　　本：787mm×1092mm　　1/16
印　　张：12
字　　数：230千字
版　　次：2024年3月　第1版
印　　次：2024年3月　第1次
书　　号：ISBN 978-7-5768-1719-5
定　　价：68.00元

编 委 会

主　编：蔡　印

副主编：杨晓帆　张宇楠　郭海昭　蒋　拓　冯泓达　李　园　刘成荫
　　　　唐海亨　刘桃冶　曾　媛　迟　晶　袁晓莹　冯慧慧　张　驰
　　　　陈　黎　王志飞

编　委：（按姓氏笔画为序）

于　萌　千承辉　王　典　王　鑫　王志飞　王彦飞　牛立刚
付　坤　包春阳　冯泓达　冯慧慧　玄玉波　刘　艳　刘成荫
刘桃冶　闫国栋　孙　锋　杜国庆　李　园　李伟民　杨　光
杨晓帆　杨婷婷　邹振宇　迟　晶　张　驰　张　皎　张宇楠
张栋顿　张冠宇　陈　黎　武月婷　郑　岩　郑玲玲　孟庆繁
赵　波　赵　静　姜　波　袁晓莹　徐　艺　徐　昊　凌振宝
郭海昭　唐海亨　崔冰一　逯家辉　蒋　拓　曾　媛　蔡　印
魏士刚

主　审：王庆丰

顾　问：（按姓氏笔画为序）

丁洪浩　孙翔宇　李治国　张　宇　张　欣　张金山　陈　卓
陈　铎　苗广文　金祥雷　周　伟　赵　军　钟　新　姜　湧
费宇鹏　徐　昊　高淑贞　戴继周　魏立志

前　言

　　党的二十大更加突出了教育、科技和人才在社会主义现代化建设中的基础性、战略性支撑作用。习近平总书记指出："'两个一百年'奋斗目标的实现、中华民族伟大复兴中国梦的实现，归根到底靠人才、靠教育。"教育是人才之母，没有高质量的世界一流的教育，就没有源源不断的创新人才，就无法支持和支撑社会主义现代化强国建设。党的十九届四中全会后，高校更加注重治理体系和治理能力现代化建设。2019年中共中央、国务院《中国教育现代化2035》提出八大教育现代化理念，其终极目标是实现人的现代化。无论是教育现代化还是人的现代化，都离不开教育管理，只有当教育管理实现了现代化，教育现代化才有实现的可能性。随着现代教育的不断发展，实践教学作为高校人才培养的重要环节，越来越成为培养学生实践创新能力、创业就业能力、科技素质的一个重要部分，对培养造就一批具有家国情怀、富有创新精神、勇于投身实践和敢于担当责任的时代新人具有重要作用，加快推进实践教学的治理体系和治理能力现代化建设，对培养一流人才必将起到重要的支撑、保障和促进作用。为此，吉林大学紧紧围绕人才培养目标的实现，从明确实践教学组织管理的任务和责任、实践教学要求和规定、实践教学资源建设与共享、实践教学考核原则和成绩评定、实践教学质量监控与评价、实践教学考核与激励政策等方面，制定了科学、系统的管理规范，保证实践教学各要素、各环节聚焦一流人才培养同向发力。

　　本书从管理制度建设入手，共分八个部分，即本科生实践教学要求、实践教师管理规范、实践教学运行管理、课外实践教学活动管理、实践教学经费管理、实践教学质量保障管理、实践教学改革管理、实践教学评价与激励等，旨在建立起全方位的实践教学运行管理模式，确保人才培养质量的不断提高。

构建高校实践教育教学全方位运行管理模式
——吉林大学实践教学管理文件汇编

　　本书由多年在实践教学与管理一线的教师编写，主要目的是：一方面，通过构建实践教学立体化管理模式，为实践教学"提质增效"提供保证；另一方面，通过总结梳理实践教学管理的点滴体会，期望能为从事实践教学与管理的工作者提供值得借鉴的经验。限于时间与水平，书中难免存在不足与错误，恳请读者提出宝贵批评意见。

编　者

2022年11月

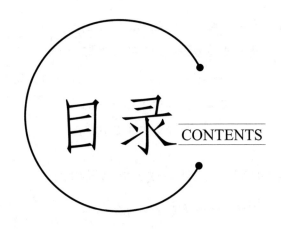

目 录 CONTENTS

第八部分　实践教学评价与激励

第一部分

本科生实践教学要求

一、本科生实验守则

（一）按教学计划要求认真参加实验教学，不得申请免修。

（二）按时上课，遵守课堂纪律，不迟到不早退。

（三）认真做好课前预习。

（四）进入实验室要穿统一的工作服（不需要的除外），保持安静，遵守实验室规章制度，严禁喧哗、吸烟、随地吐痰或吃零食，不得随意动用与本实验无关的仪器。

（五）实验准备就绪后，须经指导教师检查同意方可进行实验。严格遵守仪器操作规程，认真观察和分析现象，如实记录实验数据，独立分析实验结果。严禁抄袭和伪造实验数据。

（六）爱护仪器设备，注意安全，节约使用水、电、煤气、药品、试剂、元件等消耗材料。违反操作规程或擅自行动造成事故、损坏仪器设备者，必须写出书面检查，按规定赔偿损失。

（七）实验中若发生仪器故障或其他事故，应立即切断相关电源、水源、煤气等，停止操作，保持现场，报告指导教师，待查明原因排除故障后，方可继续进行实验。

（八）实验数据需经指导教师审核、签字。实验完毕，将实验用品、仪器设备整理复位，切断水、电、气源，清理实验场地，指导老师同意后离开。

（九）认真撰写实验报告，并按规定的时间和要求提交。实验报告中图表清晰、字迹工整、原始数据齐全、数据处理准确、讨论和分析问题简明扼要、表达清楚。妥善保管实验报告，以备核查。缺交实验报告达五分之一，或缺做实验时数达五分之一，或实验成绩不及格者，实验及所属课程必须重修。

（十）遵守保密和安全管理规定。

二、本科生实习教学要求

根据《吉林大学本科实习教学管理办法（试行）》相关规定，本科生参加实习教学应遵守如下要求：

（一）实习前，要积极参加实习课程讲授并认真预习，明确实习内容、目的与要求。

（二）实习过程中，要积极思考、善于动手；实习报告撰写应科学、严谨、规范、求实。

（三）实习结束后，积极参加研讨、交流活动，积极反馈实习效果、意见与建议。

（四）要完成所有实习环节和完成全部实习任务，独立完成实习报告或设计报告，方可参加考核。

（五）在实习期间因故（含请假）缺少1/5及以上实习学时，不能取得该实习环节的考核资格。实习成绩不及格者，必须重修。实习环节不能免修。

（六）严格遵守实习管理制度，严格遵守实习基地各项管理规定，严格遵守实习安全与保密工作，积极参加应对突发事件的技能训练，确保人身财产安全与国家信息安全。

三、本科生毕业论文（设计）要求

本科生毕业论文（设计）要求按照《吉林大学本科毕业论文（设计）工作管理办法》相关规定执行。

（一）毕业论文（设计）是在本科教育阶段达成毕业要求、实现培养目标的重要教学环节。必须遵守《中华人民共和国高等教育法》《高等学校预防与处理学术不端行为办法》《吉林大学本科学生学籍管理规定》《吉林大学学士学位授予工作细则（修订）》《吉林大学本科培养方案》等相关规定。

（二）毕业论文（设计）要求学生运用所学的基本知识、基本理论和基本技能进行综合实践训练，培养其提出问题、分析并解决问题的能力和开拓进取的科学精神，培养理论联系实际的工作作风和严肃认真的科学态度。

（三）严格遵守毕业论文（设计）工作实施细则和相关要求及注意事项。

（四）毕业论文（设计）选题基本要求：

1. 毕业论文（设计）的选题，应具有适当的深度、难度和工作量。

2. 多名学生共同参与同一研究项目，题目名称要有区别，学生不仅需要完成协作部分内容，还要完成自己的独立部分工作。

3. 采用师生双向选择方式进行选题。题目数量原则上应大于应做毕业论文（设计）学生的人数（1.2倍以上为宜）。每个题目都必须先提供充分的资料、文献、数据和规范等依据。不允许先立题目后找依据。

4. 赴校外进行毕业论文（设计），课题应为学院下达题目或经学院毕业论文（设计）工作领导小组审核认定的企（事）业单位题目。

5. 毕业论文（设计）题目须在学院备案后上传"毕业论文（设计）管理系统"。

6. 选定题目后，学生完成开题报告。

（五）毕业论文要求：

1. 毕业论文查重要求：学生自行操作，每名学生有2次查重机会，检测合格的毕业论文（设计）方可参加答辩及成绩评定，原则上2次查重均不合格的毕业论文（设计）不能参加答辩及成绩评定。合格标准原则上为：理学、工学、农学、医学类专业的论文复制比小于等于20%，其他学科专业复制比小于等于10%。

2. 毕业论文答辩：学生必须参加毕业论文答辩，答辩内容包括课题的任务、目的和意义，所采用的主要原始资料或参考文献，论文（设计）的技术方法及主要工作，论文（设计）的基本结论和价值。赴校外进行毕业论文（设计）的学生，必须回学校答辩。

（六）有下列情形之一时毕业论文（设计）成绩为不及格：

1. 设计中有原则性重大错误或基本没有完成任务。

2. 弄虚作假，有抄袭行为。

3. 答辩时概念不清，对主要问题无法回答。

4. 工作量严重不足。

（七）"学术不端检测"不合格的毕业论文（设计）将被认为不通过，应由相关学院进行调查核实，对已查实的作弊、剽窃、抄袭等学术不端行为，应依法撤销已授予学位，并注销学位证书。

（八）毕业论文（设计）可参加优秀论文评选，评选原则：

1. 选题符合专业培养目标，有利于综合训练与创新能力的培养。

2. 内容观点正确、论据充分、推理严密、计算准确，具有一定的创新性及实用性。

3. 文字表述清楚、简练流畅、逻辑性强、所提供的材料齐全、设计图纸、图表清晰、论文格式符合写作要求。

4. 推荐论文的"学术不端检测"文字复制比原则上应小于等于10%。

（九）毕业论文（设计）学生守则：

1. 独立保质保量完成毕业论文（设计），不弄虚作假，不抄袭他人的成果。

2. 遇事或生病，如请假1至2天，须经指导教师批准；请假3天以上，须经学院批准；累计旷课5天（含）或请假2周（含）者，不能参加答辩。

3. 毕业论文（设计）不及格的学生，允许在最大学制期限内回校补做毕业论文（设计）、参加答辩，具体课题和时间由学院、系（专业）安排。

四、本科生参加学科竞赛要求

本科生参加学科竞赛，遵照《吉林大学本科学生学科竞赛管理办法（修订）》有关规定执行。

（一）学科竞赛旨在营造校园学术氛围，培育学生创新思维，激发学生创新活力，让学生在动手实践中提高解决实际问题的能力，养成团队合作精神与竞争意识，造就知识、能力、素质协调发展的创新创业型人才。

（二）学生参加的学科竞赛是指吉林大学本科学生参加的实践类竞赛，分为国家级（或国际性、地区性）竞赛、省（部）级竞赛和校级竞赛（学校按A、B、C三类构建学科竞赛体系，根据竞赛开展情况实施定期动态调整）。

（三）参赛者原则上应为在校全日制本科生。鼓励跨学院、跨专业组成参赛队。

学生可以自愿报名参加校级各学科竞赛，校级竞赛优胜者有资格报名参加省级及以上级别竞赛。竞赛级别序列连续的竞赛项目，需经层层选拔，参加上一级竞赛，如竞赛级别序列不连续，学校可根据情况选择优秀学生参加上一级竞赛。

（四）学生参加各类竞赛，须遵守相关章程、严守学术诚信。学校依照吉林大学考风考纪等相关规定，对在竞赛中存在违反学术道德等行为的相关学生给予相应处分。

（五）凡是由学校资助经费产出的竞赛作品，知识产权归学校所有。

（六）竞赛所获荣誉归属参赛学生、指导教师、责任学院和学校共有。学校将根据竞赛级别、获奖等级，对参赛学生、指导教师予以奖励。一次参赛多次评奖的竞赛项目，或同一竞赛项目（参赛者）在不同级别竞赛中获奖，参赛学生均按最高获奖等级进行一次性奖励。

（七）竞赛获奖学生及其创新成果，应用于评奖评优、课外培养计划学分认定等环节。学校对获奖学生（团队）颁发"创新实践成果奖学金"。

第二部分
实践教师管理规范

一、本科实践教学教师工作规范

为加强实践教学规范管理，保证和提高本科实践教学质量，明确教师教书育人的工作职责，促进本科实践教学工作的科学化、规范化，根据《吉林大学教师本科教学工作规范》（校发〔2016〕371号）相关规定，特制定本科实践教学教师工作规范。

第一章 总 则

第一条 人才培养是高等学校的根本任务，本科实践教学是学校教育教学中重要环节。教师在实践教学中承担着传授学生知识、培养学生能力和提升学生素质的重要职责。教师要通过参与科学研究不断创新知识，提升自己的教学能力和教学水平。

第二条 教师要热爱实践教学工作，全身心投入实践教学和研究工作中，具有高尚师德、优良教风和敬业精神；要遵守国家宪法和法律；要遵守学校的各项规章制度和教学管理有关规定；要热爱吉林大学，维护学校的荣誉和声誉。

第三条 教师要努力钻研业务，具有追求真理、严谨治学、求实创新、勤奋博学的科学态度；要认真完成实践教学任务，不断更新和改进实践教学内容和教学方法。

第四条 教师在实践教学中，要坚持以学生为中心、教师为主导的理念，树立全面素质教育观念，注重因材施教，培养学生的实践能力和创新精神，激励学生的实践兴趣和个性发展。

第五条 教师既要教书又要育人，严格落实立德树人根本任务，要用科学的理论武装学生，用正确的思想引导学生，用高尚的情操陶冶学生，用良好的教风影响学生，关心和爱护学生，教学相长，成为学生的良师益友。

第二章 实践教师的任课资格

第六条 实践教师工作包括实验、实习教学和毕业（论文）设计的指导、辅导、成绩考核及日常教学工作的各个环节。同时，教师还要积极完成专业与课程建设、教学改革与研究等方面任务。

第七条 教师的实践教学工作任务由学院（中心）下达，无特殊原因，教师必须接受并承担实践教学任务。

第八条 建立实践课程梯队。每门实践课程要建立课程负责人、指导教师、实验技术人员等组成的课程教学梯队。实践课程负责人一般应具有博士学位或中级以上职务，精通该课程技术与方法，教学科研能力较强，实践教学与管理经验丰富；指导教师应熟悉该课程内容，首次指导该课程要试讲试做，由学院（中心）组织考核合格方能上岗；实验技术教师应掌握该课程实验准备技术、基本实验技术、实验安全管理技术，能够独立做好实验前、实验中、实验后的技术指导、服务与保障工作。

第九条 学院、教研室或中心负有培养实践教师的责任，对于年轻教师，要通过实验技术、教学能力和职业素养等培养，使之尽快成长。培养方式可以是集体指导、专门指导或课程团队集体备课研讨等，发挥好传帮带的作用。

第十条 各学院（中心）可根据实践教学需要安排研究生兼任助教工作。按照实践课程安排和教学要求，由实践课程负责人对助教研究生进行指导，并对助教研究生进行考核。研究生兼任助教，必须按个人申请→导师推荐→学院（中心）审批的程序办理。

第十一条 学院要注重对教师的基本职责、师德表现和业务能力进行全面考核。教师在实践教学方面，主要考核其实践教学过程参与情况、实践课程内容讲授与指导情况、实践课程教学与建设精力投入情况、实践教学教学效果和课程成果情况等。

第十二条 教师在开课前要熟悉实践教学大纲，掌握课程的实验内容与方法，熟知实验技术路线，了解重点和难点，了解各个教学环节的工作程序，设计恰当的教学方法与手段，书写实践课程教案，合理采用教材、教学参考书和线上教学资源。

第十三条 教师在实践课程教学过程中或结束后，要征求学生对课程教学的意见和建议。同时，在教学工作之余，教师要坚持学习性听课，不断提高教学水平。

第十四条　新任实践课程的教师在正式上课前，要通过本单位组织的试讲、试做。教师开新实验课程或新实验项目，需要编写实践教学大纲和实践课程参考书，并经系主任（教研室或中心主任）批准后开课。

第十五条　鼓励教授、副教授承担本科实践教学工作。

第三章　实践教学工作

第十六条　实践教学是培养学生理论联系实际、进行科学实验，培养学生观察分析现象、认识事物规律，提高实践动手能力和创新能力的重要教学手段，与理论教学具有同等重要的地位。实践教学环节包括实验课、各类实习教学环节、课程设计、毕业实习、毕业论文（设计）、读书报告等。

第十七条　教师要依据实验教学大纲进行教学。教师在制定实验教学大纲时要明确教学目的和要求、各单元要完成的实验任务和要达到的实验效果、学生应掌握的技能、考核方式和编写实验提纲的要求。实验课教学与其他课程一样，教师和实验员应认真对待。在实验教学过程中，要将教师的讲解和实验员的指导操作结合起来，严格要求学生。在实验完成后，要检查实验结果，教师要认真批改实验报告，对实验环节和结果错误的报告要求学生重做、重写。

第十八条　教师要根据培养方案并依据《吉林大学本科实验教学管理办法》开展实验教学。教学单位在安排教学时，要保证实验课的开出率达到本科教学合格评估标准。

第十九条　各类实习是在教师的指导下，应用所学知识依据实习教学大纲进行实践的过程，是重要的实践教学环节。实习是涉及多方面内容的活动，指导教师（或被聘请实习单位的有关人员）要对学生进行必要的安全教育，并安排好其他方面的事宜。教师要指导学生完成教学计划规定的实习任务，达到实习要求。在实习结束后，教师要进行实习总结并评定出每个学生的实习成绩。

第二十条　毕业论文（设计）是学习、实践、研究和创新相结合的综合性实践教学环节。教师要根据专业培养目标，以及教学管理有关文件要求，指导学生进行理论研究、社会调查，或进行科学实验，使学生初步掌握进行自然或社会科学研究的方法。一般要经过选题、开题、收集资料、研究或调查、写作（设计）、修改和答辩等过程才能完成。

第二十一条　教师要根据学校有关规定做好毕业论文（设计）环节的教学工作。教师指导毕业论文（设计），需了解每位学生毕业论文（设计）的准备情况和进行研究的能力，并且帮助学生确立研究内容和方法。毕业论文（设计）的指导要根据专业培养目标的要求，确定内容和教学要求。毕业论文（设计）成绩的评定，必须通过答辩的方式确定。

第二十二条　除毕业论文之外，教师要在教学和社会实践中，为学生创造进行科学研究的机会，并对学生进行科研能力的培养。通过布置学年论文、读书报告会，结合教学和实践环节布置科研课题和实验、参与导师部分科研课题研究等，调动学生从事科学研究的积极性，并进行引导，发挥学生的创造能力，对具有科研能力的学生，应重点培养和支持，重视学生科研成果的培育。

第四章　课外实践活动指导与管理

第三十四条　学生课外实践活动是人才培养的重要环节，教师参与学生课外实践活动的指导与管理是教师工作职责的组成部分，是教师与学生密切沟通的重要形式。教师应积极参加学生开放创新型实验、创新创业训练、学科竞赛、学术交流研讨等指导与管理工作。主要内容包括：指导学生自主学习的资源（网络资源、文献资源、图书资源、社会资源等）收集整理、方案设计、实践研究方法等，并参加学生课外实践活动制定学习计划，指导学生复习和预习教材、查阅文献资料和阅读参考书，指导学生善于安排学习内容，合理利用业余时间；指导学生掌握独立学习的规律和科学的学习方法。

第三十五条　教师应采取多种形式与学生进行课外的沟通与学业辅导。要创造条件在排定的时间深入教室进行辅导、答疑，对学生提出的普遍性疑难问题，也可进行集体辅导。教师应充分重视利用信息技术、电子邮件和电话等方式与学生沟通，及时回复学生的学习以及其他方面的疑问，更多地接触学生，了解学生学习情况，征求对教学的意见。

第三十六条　教师要定期参加学生课外实践活动，指导帮助学生解决实践过程中遇到的知识、技术、心理、生活等方面问题，激发学生克服困难、探索科学、追求卓越的信心。

第三十七条　指导教师要经常组织实践活动小组研讨会，听取学生实践活动进展情况，讨论存在的问题和下一步活动方案，并适时拓展相关知识，开阔学生视野，培养学生分析问题的能力，提升学生科学思维能力。

第三十八条　指导教师要根据人才培养计划课外学分评定方法，公平、公开、公正地评价认定学生课外实践活动学分，引导学生知识、能力、素质全面协调发展。

第三十九条　担任本科生导师的教师，应按照《吉林大学本科生指导教师工作办法》，根据学院具体要求，承担本科生指导教师任务。低年级导师以引导学生专业兴趣，帮助学生制定学习计划和人生教育为重点，高年级导师以引导学生学术兴趣，为学生提供科学研究机会为重点。

第六章　成绩考核

第四十条　成绩考核是评定学生学习成绩和检查教师教学质量的重要手段，课程结束后都必须经过成绩考核这一环节。

第四十一条　在制定课程教学大纲时确定每门课程的考核方式。要实行过程性考核和终结性考核相结合的方式，即平时素养、预习、操作、报告及考试相结合，引导学生知识、能力和素质协调发展。

第四十二条　学生考试成绩的核定可以采取百分制和五级分制记分，一般情况下，考试课采用百分制记分，考查课采用五级分制记分。课程的考核性质要按照教学计划的要求进行，不能随意变动。公共选修课一律采取五级分制记分。

第四十三条　要根据课程的性质、特点和考试目的要求来确定适当的考试方式。考试可采用笔试、机考、线上题库、实际操作、"小论文"等方式。考试时间可根据考试内容而定。

第四十四条　基础课程的命题应实行考、教分离。命题都要以教学大纲为依据，反映本课程的基本要求，兼顾知识、理解、应用三个层次的学习内容，考查学生对该门课程知识的掌握情况和运用所学知识解决问题的能力。试题要达到一定的覆盖面，题量与考试时间相匹配。要逐步实现考试的科学化和现代化，提倡使用机考、答题卡等方式提高考试的效率。公共基础课、学科基础课应逐步建立起试题库，做好选题和审题工作。

第四十五条　每门课程试卷的试题量与难易度要适中，一般应同时拟制试题量与难易度相同的A、B两套试卷及评分标准，由教研室主任审批后选择其中一套使用，另一套试卷备用。在复习考试期间，教师可解答学生提出的问题，但是不能做引导性辅导或泄露考试内容。

第四十六条　在试卷的命题和印刷中要注意保密，试卷在设计上要留有密封装订线。试卷的印制要清楚、规范，保证质量。每个考场都要准备一定数量的备用卷。

第四十七条　每位教师都有责任和义务参加监考工作，并认真地完成任务。主考和监考教师至少要在考试前三十分钟进入考场，并做好准备工作。在考试前要向学生宣读考试纪律及有关要求，特殊考试要说明规则。教师要认真监考，不做与监考无关的事情。

第四十八条 对在考试中违纪和作弊的学生，教师要保留证据，并立即采取措施予以制止，取消其当次考试资格，在试卷上标注"违纪"或"作弊"，在考场记录单上客观地记载当时情况并让学生签字，在上交试卷时立即向主考单位报告并签字确认。

第四十九条 要建立科学规范的阅卷制度。实行密封阅卷、集体流水线阅卷。教师要依据评分标准，客观、公正地批阅，杜绝人情分，更不得随意更改分数。教师要严格执行学校相关规定规范批阅试卷，并正确填写卷面上各小题分和题栏分。

第五十条 考试成绩应由任课教师登录并在纸质成绩单上签字。如发生成绩登录错误等特殊情况，确需改动成绩的必须履行成绩补录手续，并签字负责。每科成绩要在考试后一周内上网公布。

第五十一条 要建立严格的试卷分析和教学效果分析制度，评卷结束后，教师应对试题和试卷进行分析，通过考试成绩分析教学效果，并将考试分析报表送交学院教务办公室。若发生考试成绩非正态分布的情况教师要及时报告学院教务办公室，要根据学校相关规定予以处理。

第七章 教学改革与教学研究

五十二条 教师要积极参与教育、教学改革与研究。申报国家、省级和校级教学改革立项，积极开展教育教学研究与实践，并撰写高水平的教改论文。要更新教育思想观念，推进教育创新，不断地进行课程内容、课程体系和教学方法的改革，研究素质教育，探索创新能力和科学研究能力的培养方法等。

第五十三条 教师要积极参与文字和音像教材建设，应用现代教育技术提升教学水平，积极参加教材的立项和编写工作。编写的教材要反映当代的政治、经济、文化和科技进步的最新成果。新编教材要具有先进性、科学性。

第八章 教学工作纪律

第五十四条 教师应按教学单位课程表所规定的时间上课。授课教师应提前进入教室，做好讲课准备。要遵守上下课时间，不得无故离开课堂或提前、拖延下课。教师要衣着得体、仪表整洁、举止得当，不得在上课期间处理个人私事。

第五十五条 教师要自觉维护课堂教学的严肃性，在保证教学大纲基本要求的前提下，教师可引入自己的学术观点和学术见解，但必须遵守国家有关方面的政策法规，不得讲述与课程内容无关的内容。

第五十六条 教师应当按照学校教学执行计划和课程表安排课程进度，不得随意更改上课时间和地点，不得擅自停课和串课，不得擅自提前结束课程。教师因临时特殊原因需调整上课时间或上课地点，需报学院教务办公室并由其处理，一般应提前一周做出安排。任课教师请假，应填报请假表，由教学单位主管领导审批。

第五十七条 教师要严格遵守考试纪律，维护考试的公正性。

第五十八条 教师发生教学事故者，依据《吉林大学本（专）科教学事故认定及处理办法》予以处理，并给予通报批评。

第九章　教学考核

第五十九条 教师在任职期间，必须承担并完成本科生教学任务。其中，教授、副教授应坚持每学年至少系统讲授1门本科生课程，并承担相关的辅助教学环节工作；同时积极参与本科教学改革与建设工作。具体教学业绩考核标准参照学校及学院有关规定执行。

第六十条 建立有效的教学质量评价体系和教学质量反馈制度，对于教学效果较差、学生反映较大的教师，教务部门将暂停其课程主讲资格，并依据学校有关规定予以处理。在教师职务评聘中，实行教学考核一票否决权。对于达不到本科教学基本工作量和质量要求的教师，不能聘任相应的业务职务。

第六十一条 学校各级领导必须深入教学第一线，了解教学情况，解决具体问题；建立各级领导听课制度，学校党政领导一把手和主管教学的领导每学年须随堂听课6次以上；学院党政一把手每学年须随堂听课8次以上，学院和教务处的各级教学管理人员每学年至少应随堂听课10次以上。学校、学院督学员听课次数按学校及学院相关文件执行。学院教学听课制度由学院制定并实施。

第六十二条 本规范适用于全日制本科教学，高等职业教育参照本规范执行。

第六十三条 在执行过程中涉及其他有关未尽适宜，由教务处研究拟定解决方案，报主管教学的校长批准；涉及全局性或重大问题由校教学委员会讨论，校长办公会批准执行。

二、教学实验室人员岗位职责

教学实验室人员岗位职责遵照《吉林大学实验室工作人员岗位职责》相关规定执行。

教学实验室工作人员岗位分为：主任岗位、实验室管理岗位、实验教学岗位、实验技术岗位、技术工人岗位。

（一）实验室主任岗位职责

教学实验室主任是实验室工作的领导者和组织者，全面负责实验室工作，主要职责是：

1. 根据本专业发展的方向和实验室所承担的教学任务，负责制定实验室发展建设规划。

2. 根据实验室建设规划和教学实验的任务，组织制定年度建设计划，要努力做到投资省、效果好、利用率高。

3. 制定学期工作计划，安排好本实验室各类人员工作任务，保证实验正常开出，并对工作质量进行检查督促。

4. 组织相关人员开展教改活动和设计创新实验，不断提高实验教学质量和水平。

5. 加强实验室的科学管理，严格督促、检查实验室各项规章制度的贯彻执行。抓好精密、贵重、稀有的大型仪器设备的使用和管理，不断提高设备的完好率和利用率。抓好实验室的安全、卫生工作。

6. 在保证完成教学、科研任务的前提下，组织和安排社会服务的实验任务，提高实验室资源的收益率。

7. 积极做好本实验室人员的思想教育和业务培养的工作，在平时考绩的基础上，每年对有关人员进行考核，切实做好实验技术人员职称的评定和晋升工作。对于在实验室工作有突出成就者，要及时进行考核、总结，上报学校予以表彰或破格晋升。

8. 承担一定量的实验指导工作。

（二）实验室管理岗位职责

实验室管理岗位是实验室主任岗位的管理工作的助手，主要职责是：

1. 技术物资信息管理。熟悉各种技术物资的供应渠道，了解市场产品信息，积极开展调查研究，努力探索采购供应规律，做好资料、样本、报价的收集工作。

2. 协助主任，具体执行技术物资购置工作。负责催货、提货、退货等工作，并配合有关人员做好技术物资验收等工作。

3. 熟悉财务手续，遵守财务制度，协助主任，具体执行技术物资的财务管理工作。管理好各种单据凭证及来往函件，及时清理借款、支票等。

4. 负责实验室仪器设备、低值易耗品、实验材料的记账、保管工作，做到物资存放有序，文明整洁，掌握本实验室固定资产与低值易耗品的账目，做到账物相符。

5. 负责实验室统计报表的填报，保管各类管理文件、技术文件，并做好档案管理工作。

6. 协助主任，做好实验室的考勤工作。

7. 协助主任，具体负责实验室工作人员的保健津贴及劳保用品的领用工作以及实验室设备仪器的外借（租）工作。

8. 协助主任，监督检查本室各项规章制度的执行情况。

9. 协助主任，搞好实验室的卫生和安全保卫工作。

10. 实验室主任安排的其他管理工作。

（三）实验教学岗位职责

在实验室主任的领导下，负责实验教学和科研的业务指导与技术开发，主要职责是：

1. 根据实验室主任分配的教学、科研任务，制订具体工作计划。

2. 编写实验指导书。

3. 指导学生实验。包括辅导答疑、批改实验报告、评定学生实验成绩，记录实验教学情况，做好实验总结，提出改进实验意见。对首次开设的实验，指导人员要试做，对首次上岗指导实验的教师要试讲。

4. 参加实验室的建设和管理工作。

（四）实验技术岗位职责

实验技术岗位是实验教学岗位的助手，是实验技术工作的实施者，是技术物资使用（或指导使用）、验收、生产工作的承担者。主要职责是：

1. 准备实验。做好实验前的仪器设备调试、低值易耗品、实验材料等技术物资准备工作；做好实验场所使用的准备工作。

2. 配合实验教学人员做好实验前的技术安全、遵守操作规程、爱惜实验仪器设备、节约实验材料、注意环境保护等教育工作。

3. 掌握实验项目的实验技术、仪器设备的工作原理和操作规程。

4. 对实验仪器设备能够进行基本维护、保养，使实验仪器设备经常处于完好状态。及时报修损坏的仪器设备。

5. 收集、保管好实验仪器设备、低值易耗品、实验材料等技术物资的说明书等技术档案，收集、保管好实验场所及附属设施（水、电、气等）的技术要求、技术改造等档案。

6. 参加或负责验收实验仪器设备、低值易耗品、实验材料等技术物资。

7.积极参加自制、设计、安装、调试实验仪器和装置工作。

8.参加实验室建设的具体工作。

（五）实验室技术工人岗位职责

实验室技术工人岗位是实验室管理岗位、实验技术岗位的助手，主要职责是：

1.协助实验室管理人员完成各项工作。

2.协助实验技术人员完成各项工作。

3.做好实验室的安全、清洁卫生等工作。

4.完成实验室主任交办的其他工作。

三、教学岗位实验技术人员培训

教学岗位实验技术人员培训按照《吉林大学实验技术人员培训与职业规划工作实施办法》相关规定执行。

第一章　总　则

第一条　为进一步提升实验技术队伍素质，不断激发实验技术人员工作热情，鼓励实验技术人员踏实工作、大胆创新，为教学科研提供优良的技术支撑和条件保障，制定本办法。

第二条　本办法适用于学校全民所有制事业编制在岗的实验技术人员，及以A类、B类人事代理方式聘用的实验技术人员。

第二章　工作原则和方式

第三条　实验技术人员培训与职业规划工作，坚持有计划、有目标、分期分批进行和骨干人员重点培养的原则，并采取学校统一组织与各教学科研单位自行组织相结合的方式。

第四条　鼓励实验技术人员在做好本职工作的前提下，利用校内外各种资源，采取各种有效方式，扩充专业知识和提高业务技能。

第五条　通过培训与职业规划，使实验技术人员在职业操守、管理水平和专业技能等方面不断提高，从而更好地履行实验教学、科学实验及实验室建设与管理等各项职责。

第三章　培训内容和形式

第六条　实验技术人员培训，分岗前培训、专业技能培训、管理培训等3类，校内办班、学术报告、交流论坛及校外派出等4种形式。

第七条 岗前培训，是对当年新上岗的实验技术人员和上一个年度上岗但没有参加过岗前培训或参加但未通过培训的实验技术人员进行的培训与教育。主要是通过组织学习培训，使其了解熟悉国家及学校有关政策法规、规章制度及实验室各项管理规定，对实验技术人员岗位职责、地位与作用以及实验室管理重要性有明确认识，从而尽快进入角色，满足岗位要求。

第八条 专业技能培训，是对刚上岗的实验技术人员加强基础理论和基本实验技能的培训，使之尽快胜任自己的本职工作；是对已有一定工作经验的实验技术人员扩充知识和提高业务能力的培训，使之进一步提升业务能力和工作水平。

第九条 管理培训，是对各级实验室管理人员的培训，促进他们不断提升管理理念、提高工作能力和水平，更好地适应和满足实验教学、科学实验及实验室建设与管理的实际需要。

第十条 职业规划，是对实验技术人员进步发展的指导与帮助，是实现"以人为本"管理理念的需要，使实验技术人员的个人目标与从事工作目标趋于一致，促进他们全面发展，提高他们对所从事工作的兴趣和满意度。

第四章 组织与实施

第十一条 由人力资源和社会保障处（以下简称人事管理部门）、实验室与设备管理处（以下简称业务管理部门），负责学校实验技术人员培训与职业规划工作的计划统筹和实施管理。

第十二条 由各教学科研单位，负责本单位实验技术人员培训与职业规划工作的具体组织与实施。

第十三条 学校每年针对新上岗的实验技术人员，举办1次岗前培训和教育，考核合格者颁发培训合格证书；针对实验室人员不定期开展各类专业技能培训，对重要仪器设备的操作和使用，实行持证上机制度；选派部分实验技术人员参加校外相关业务培训。

第十四条 学校实施青年骨干实验技术人员进修计划，每年选拔一定数量的青年骨干实验技术人员，派出学习进修。时间一般为1～3个月。

第十五条 学校实行新入职实验技术人员导师制度，所在中层单位为每一位新入职的实验技术人员选配工作导师，进行传、帮、带，并指导他们进行个人职业生涯规划，把握学习提高与进步发展机会。

第十六条　学校鼓励和支持实验技术人员，参加各类实验教学方法的创新与改革、实验教学理论研究及实验教材编写、实验技术理论和技术方法研究等活动，参加实验仪器设备的研制、实验仪器设备的功能开发（包括软件开发）、技术改造和维修技术等内容的学术交流或实验技能观摩活动。

第十七条　各教学科研单位，应创造条件安排实验技术人员，特别是青年技术人员参加培训和进修学习；应创造条件鼓励和支持实验技术人员组织举办与实验室建设、实验室管理和实验设备开发等相关的学术讲座。

第五章　培训管理与考核

第十八条　实验技术人员培训与职业规划工作，实行计划、实施、效果等管理，进行总结评估、记录备案。

第十九条　根据工作需要和实验技术队伍实际情况，由各教学科研单位负责制定本单位实验技术人员职业规划与年度培训计划。学校人事与业务管理部门，负责审核各教学科研单位制定的实验技术人员职业规划与年度培训计划，并编制学校实验技术人员年度培训计划和中长期规划。

第二十条　校内培训。培训组织部门或单位应做好参训人员、场所等各项管理工作，对培训过程进行记录，并以此为依据作为学员考核内容之一；保存培训及过程资料，如电子文档、录音、录像、幻灯片等。培训结束后，要对培训工作进行总结评估，以判断培训是否达到预期效果。

第二十一条　校外培训或进修学习。受训或进修人员须接受培训方的管理，遵守培训学习纪律和要求；培训或进修学习结束后，应进行自我总结和效果评价，及时向派出部门或单位提交培训或进修学习总结报告和学习资料，应在学校或单位内作交流报告，介绍学习内容和心得体会。

派出部门或单位要结合受训或进修人员学习成绩、总结报告、汇报交流情况做出鉴定，并判断培训或进修是否达到预期效果。

第二十二条　学校人事与业务管理部门及各教学科研单位，应建立培训与职业规划档案，记录培训计划、培训实施及培训效果等情况，归存相关材料。

第二十三条　实验技术人员岗前培训、管理培训费用由学校人事与业务管理部门列支；专业技能培训费用的列支，以各教学科研单位为主，学校人事与业务管理部门给予一定补贴。学术交流活动费用由主办单位或派出单位列支。

第六章　附　则

第二十四条　附属医院及其他独立法人单位的实验技术人员培训与职业规划工作，由各单位根据本实施办法，制定相应的办法执行。

第二十五条　本办法由人力资源和社会保障处、实验室与设备管理处负责解释。

四、实践教学教师学术道德规范

实践教学教师学术道德规范遵照《吉林大学学术道德规范》相关规定执行。

第一章　总　则

第一条　为加强我校师生学术诚信意识，保持学术道德操守，根据国家有关法律及相关文件规定，结合学校实际，制定本规范。

第二条　学术道德规范是学术共同体参与学术活动自律的准则，是科学研究工作者应遵循的基本伦理和规范。本规范所称的学术活动，包括科学研究、学术论著发表、学术交流、论文撰写、论文答辩、考试考核、评优申报等。

第三条　本规范适用于吉林大学的教师、博士后研究人员、专业技术人员、管理人员（以下简称"教师"）和学生，以及以吉林大学的名义发表作品的其他人员，包括在吉林大学学习和工作的访问学者、进修教师、兼职人员等。

第二章　基本学术道德规范

第四条　吉林大学教师和学生在学术活动中，应牢固树立实事求是的科学精神，在严格遵守《中华人民共和国著作权法》《中华人民共和国专利法》《中华人民共和国高等教育法》《高等学校教师职业道德规范》的基础上，遵循《高等学校科学技术学术规范指南》《高校人文社会科学学术规范指南》和《吉林大学章程》，并应遵守下述学术道德规范：

（一）在学术活动中，应全面了解所涉及的他人已有的成果，尊重他人的知识产权，合理使用引文。引用他人成果时，应注明出处；转引他人成果，应注明转引出处；除资料汇编和工具书性质的作品外，引用的部分不能构成引用人作品的主要部分或者实质部分。

（二）合作研究成果在发表前要经过所有署名人审阅，所有署名人对研究成果负责，不可分割使用的合作研究成果的所有署名人均应对研究成果整体负责。

（三）对学术成果进行评价时，应遵循公平、公正、客观、全面、准确等原则，避免主观随意。

（四）注重学术质量，鼓励和提倡创造性成果的研究和突破，反对粗制滥造和低水平重复。

（五）在科研探索中，要忠于真理，探求真知，不得虚报实验结果和统计资料，研究人员有责任保证所搜集和发表数据的有效性和准确性。

（六）教师和学生均应严格遵守吉林大学考试纪律。

第五条　上述各类人员有下列行为之一者被视为违反学术道德规范。

（一）伪造、篡改实验数据和论据资料，伪造虚假的观察和实验结果，故意取舍数据和篡改原始数据，以符合自己所期望的研究结论。

（二）抄袭他人作品中的论点、观点、结论，而不在参考文献中列出，让读者误以为观点是作者自己的；剽窃他人研究成果中的调研、实验数据、图表，照搬或略加改动用于自己的作品。

（三）违反国家有关保密的法律、法规或学校有关保密规定，盗用、贩卖或擅自传播本人或课题组技术专利、专有数据、保密资料、有偿使用软件等未公开的技术成果。

（四）为增加个人学术成果数量而一稿多投，或将内容无实质差异的成果改头换面作为多项成果发布。

（五）在与自己的劳动无关的作品中署名，或通过不正当手法偷换署名、改动署名顺序，或未经其他合作者同意将合作研究的成果仅以个人署名发表。

（六）利用职务便利或学术地位、学术评议评审权力，为个人或单位谋取不当利益或由于个人利益受到侵犯，诽谤、陷害、恐吓、报复、辱骂或恶意攻击他人。

（七）参加项目评审、论文答辩、评奖、职称评定等评定活动时，贿赂评审工作人员或收受参评人好处而导致评审结果受到影响。

（八）泄露试题或配合、纵容学生考试作弊，或为私利故意抬高或压低学生考试成绩。

（九）其他学术界公认的学术道德失范的行为与表现。

第三章　工作机构与职责

第六条　学校成立"吉林大学学风建设领导小组"。领导小组是学校学风建设的领导机构，全面领导我校学风建设相关工作，领导小组下设三个工作小组：教师工作组、研究生工作组和本科生工作组，分别领导和协调教师、研究生和本科生的学风建设工作。

第七条 学校设立学术道德与学风建设工作委员会，负责组织开展学术道德规范和学风建设的宣传教育；负责制定和监督执行学校学风建设相关政策和学术道德规范；指导、督促各学部和学院加强学风建设等工作。

第八条 校学术委员会、学位评定委员会和教学委员会受理学校学术道德和学风问题的举报，负责对涉嫌学术不端的事件进行调查核实，并作出书面调查结论和处理意见。

第九条 学术不端事件调查处理工作，须遵照《吉林大学教师学风建设工作细则》《吉林大学研究生学风建设工作细则》《吉林大学本科生学风建设工作细则》规定执行。

第四章 附 则

第十条 本规范适用主体中未列出的学校其他人员参照本规范执行。

第十一条 本规范中未列出的学术不端行为参照本规范执行。

第十二条 本规范由校学术委员会负责解释。

五、实践教师师德失范行为处理办法

实践教师师德失范行为处理办法遵照《吉林大学教职工师德失范行为处理办法》有关规定执行。

第一章 总 则

第一条 为进一步规范教职工履职履责行为，严肃学校纪律，落实立德树人根本任务，根据《教育部关于高校教师师德失范行为处理的指导意见》等法律、法规和《吉林大学章程》，结合学校实际，制定本办法。

第二条 本办法适用于与学校存在聘用关系的具有事业编制的教职工。与学校存在劳动关系、劳务关系或通过派遣公司派遣至学校工作等非事业编制教职工参照本办法执行。

第三条 对师德失范行为的处理，坚持教育与惩处相结合的原则，做到事实清楚、证据确凿、定性准确、处理适当、程序合法、手续完备。

第二章 师德失范行为

第四条 在教育教学活动中及其他场合有损害党中央权威、违背党的路线方针政策的言行。

第五条 损害国家利益、社会公共利益，损害学校声誉和教师形象，危害国家安全、违反法律法规或违背社会公序良俗。

第六条 违反宗教与教育相分离原则，利用宗教进行妨碍国家教育制度的活动。

第七条 违背社会主义核心价值观，通过课堂、论坛、讲座、信息网络及其他渠道发表、转发错误观点，或编造散布虚假信息、不良信息。

第八条 假公济私，擅自利用学校名义或校名、校徽、专利、场所等资源谋取个人利益；有意破坏或煽动他人破坏学校设备、设施。

第九条 违反教学纪律，敷衍教学，或擅自从事影响教育教学本职工作的兼职兼薪行为。

第十条 在招生、考试、推优、保研、就业及绩效考核、岗位聘用、职称评聘、评优评奖等工作中徇私舞弊、弄虚作假。

第十一条 索要、收受学生及家长财物，参加由学生及家长付费的宴请、旅游、娱乐休闲等活动，或利用家长资源谋取私利。

第十二条 对学生实施猥亵、性骚扰等侵害行为或与学生发生不正当关系。

第十三条 要求学生从事与教学、科研、社会服务无关的事宜。

第十四条 损害学生合法权益，侮辱、歧视、威胁、打击报复学生或教唆学生对其他学生实施前述行为。

第十五条 在缺乏事实依据的情况下，伪造证据，以造谣、举报等形式恶意中伤陷害他人；恶意泄露他人隐私，造成不良后果；采取谩骂、侮辱、诽谤、恐吓、威胁、打击报复等方式，干扰他人正常工作或生活。

第十六条 存在抄袭剽窃侵吞他人科研成果，伪造编造科研数据资料，非法买卖学术研究成果以及滥用学术资源和学术影响等学术不端行为。

第十七条 其他违反教师职业道德规范的行为。

第三章 举报、受理和调查

第十八条 党委教师工作部负责受理对我校教职工师德失范行为的举报，党委教师工作委员会负责研究审议调查结果和处理建议。

第十九条 对师德失范行为的举报，一般应以书面方式实名提出，并符合下列条件：

（一）有明确的举报对象；

（二）有师德失范行为的事实；

（三）有客观的证据材料或者查证线索。

以匿名方式举报或经媒体披露，事实清楚、证据充分或者线索明确的，应当视情况予以受理。

第二十条 以下情况不予受理：

（一）与教师职业道德无关的；

（二）无具体事实和依据的；

（三）已进行调查并有明确结论，且未提供新的事实依据或证据材料、查证线索等重复举报的；

（四）其他不予受理的情形。

第二十一条 按照归口管理、协同处理原则，涉及学术不端行为的处理，由科研管理部门牵头负责。

第二十二条 对于党委教师工作部处理的举报，由党委教师工作部协调相关基层单位成立不少于两人的初核组进行初步核实。初核组应在15个工作日内完成初步核实并形成初核报告。举报情况较为复杂的，可以适当延长，延长期限最多不超过30个工作日。

第二十三条 党委教师工作部审核初核报告，提出是否正式受理的建议，并形成是否予以正式受理的书面决定。不予正式受理且有具体举报人的，举报人应签字确认。举报人对决定不认可的，应书面提出不认可的理由，并提供新的证据，党委教师工作部根据新的证据和理由提出是否正式受理的建议。正式受理的，党委教师工作部组织成立专门调查组与审理组，开展正式调查。

第二十四条 调查组成员不少于两人，其中至少一人是党委教师工作部人员，必要时可聘请专业人员协助调查。调查工作一般在30个工作日内完成，情况特别复杂的，可以适当延长，延长期限最多不超过60个工作日。在调查过程中，举报人和被举报人均应积极配合调查工作，如实全面提供有关证据材料。调查组应听取被举报人的陈述和申辩。在调查结束后，调查组形成调查报告，并附相关证明材料，移交审理组。

第二十五条 审理组成员不少于两人，应为党委教师工作部人员。审理工作一般在10个工作日内完成，情况特别复杂的，可以适当延长，延长期限最多不超过20个工作日。在审理过程中，审理组应与被举报人谈话，认真听取被举报人的意见。审理结束，形成审理报告，提出处理意见，报党委教师工作部。

第二十六条 参与调查审理等工作的人员应严格执行保密制度。并按照《吉林大学关于进一步强化工作回避制度建设的意见》予以回避。

第四章 审查和处理

第二十七条 党委教师工作部审核审理报告。组织召开学校党委教师工作委员会会议，审议处理意见。

第二十八条 党委教师工作委员会审议的结果提请学校党委常委会（校长办公会）审议并作出处理决定。

第二十九条 党委教师工作部以书面形式将处理决定送达被举报人、举报人和相关单位。

第三十条 教职工涉嫌师德失范、已经被正式调查，不宜继续履行职责的，可以按照管理权限，由学校或有关部门暂停其职务。

第三十一条 教职工存在师德失范行为，根据情节轻重，给予相应处理或处分。

（一）情节较轻的，予以批评教育、诫勉谈话、责令检查、通报批评，并取消其在评奖评优、职务晋升、职称评定、岗位聘用、工资晋级、干部选任、申报人才计划、申报科研项目等方面的资格。担任研究生导师的，还应采取限制招生名额、停止招生资格直至取消导师资格的处理。以上取消相关资格处理的执行期限不得少于24个月。

（二）情节较重应当给予处分的，还应当根据《事业单位工作人员处分暂行规定》给予行政处分，包括警告、记过、降低岗位等级或撤职、开除，需要解除聘用合同的，按照《事业单位人事管理条例》相关规定进行处理。

（三）情节严重、影响恶劣的，依据《教师资格条例》报请主管教育行政部门撤销其教师资格。

（四）是中共党员的，应当同时按照《中国共产党纪律处分条例》等党内相关规定予以纪律处分。

（五）涉嫌违法犯罪的，移送司法机关依法处理。

第三十二条 被举报人有下列情形之一的，可以从轻处分：

（一）主动承认错误并积极配合调查的；

（二）主动消除或者减轻不良影响的；

（三）其他可以从轻处罚的情形。

第三十三条 被举报人有下列情形之一的，应当从重处分：

（一）干扰妨碍调查工作的；

（二）打击、报复举报人或调查人员的；

（三）涉及多项师德失范行为的；

（四）其他应当从重处罚的情形。

第三十四条　对于恶意诬告的举报，经核实，受理单位应按相关规定对举报人进行处理，或向相关职能部门或举报人所在单位提出处理意见；情节严重的，由学校依法依规进行处理。

第三十五条　举报人或被举报人对处理决定有异议的，可以向党委教师工作部提出复核申请，党委教师工作部在接到复核申请之日起30日内做出复核决定。举报人或被举报人对复核结果不服的，可以自接到复核决定之日起30日内，按照规定向党委教师工作委员会提出申诉。党委教师工作委员会应当自受理申诉之日起60日内作出处理决定；案情复杂的，可以适当延长，但是延长期限最多不超过30日。复核、申诉期间不停止处理决定的执行。

第五章　监督和问责

第三十六条　师德师风建设要坚持权责对等、分级负责、层层落实、失责必问、问责必严的原则。对于相关单位和责任人不履行或不正确履行职责，有下列情形之一的，根据职责权限和责任划分进行问责：

（一）师德师风制度建设、日常教育监督、舆论宣传、预防工作不到位；

（二）师德失范问题发现不及时；

（三）对已发现的师德失范行为处置不力、方式不当；

（四）已作出的处理决定落实不到位，整改不彻底；

（五）多次出现师德失范问题或因师德失范行为引起不良社会影响；

（六）其他应当问责的情形。

第三十七条　教职工出现师德失范行为，所在单位党组织主要负责人和行政主要负责人需向学校分别做出检讨，由学校依据有关规定视情节轻重采取约谈、诫勉谈话、通报批评、纪律处分和组织处理等方式进行问责。根据事件性质、影响程度和问责情形，视情况取消涉事单位党政班子和主要负责人在作出处理决定当年参加各类相关单项及综合类评奖评优的资格。

第三十八条　对查实的师德失范行为，根据情节轻重和事件性质，要在适当的范围内进行通报。

第六章　附　则

第三十九条　附属学校教职工师德失范行为根据《新时代中小学教师职业行为十项准则》《新时代幼儿园教师职业行为十项准则》认定。

第四十条　本办法由党委教师工作部负责解释。

第四十一条　本办法自公布之日起施行。

第三部分

实践教学运行管理

一、本科实践课程教学大纲管理规定

本科实践课程教学大纲，根据本科人才培养方案修订同时修订。本科实践课程教学大纲依据《吉林大学本科课程教学大纲管理条例》（校教字〔2016〕69号）规定，结合课程特点制定。

实践课程教学大纲是执行专业培养计划、实现培养目标的教学指导文件，是选用和编写教材、组织教学、进行课堂教学质量评价及教学管理的重要依据。

（一）实践课程教学大纲的制定

1. 各专业培养计划中所列的实践课程均须制定符合规定的课程教学大纲，无课程教学大纲的课程不能开课。

2. 实践课程教学大纲由各学院组织所属学科组（系、教研室、中心）编写，学科组（系、教研室、中心）应集体讨论制定，由经验丰富的实践课程教师或课程梯队执笔形成初稿，学科组（系、教研室、中心）讨论通过，由学院教学委员会审议，学院主管教学副院长审核批准。

3. 实践课程教学大纲的制定要符合时代要求，要体现教育教学观念的更新和教育思想的转变，教学内容要反映学科前沿的知识和理论，教学方法灵活多样，适当运用现代化的教育教学手段。

4. 实践课程教学大纲的制定要符合专业培养目标、培养方案的整体优化要求，要注意相关课程的联系与分工，要注重实践教学与理论教学合理衔接，避免课程内容的不必要重复和遗漏。

5. 实施特殊培养的各类专业实践课程，其教学大纲应在课程内容更新与拓宽上有所突破，在课程的教学环节安排上有所创新，力求在课程教学中贯穿知识、能力和素质协调培养的思想，突出学生实践创新能力、创造创业能力和科学思维的培养。

6. 实践教学大纲的格式和内容要规范，应力求文字严谨、意义明确扼要，名词术语规范。

（二）实践课程教学大纲的总体要求

实践课程教学大纲应包括课程的对象，课程性质，课程目标，课程教学内容，课程教学基本要求，教学方法和手段，课程所用设备与材料，成绩考核与评分标准，总学时，总学分，各实验项目学时学分分配，实践课程资源，等等。

1. 课程的对象

写明课程的授课专业对象。

2. 课程性质

课程性质是指通识教育必修课、通识教育选修课、学科基础必修课、学科基础选修课、专业必修课或限选课、专业任选课等。

3. 课程目标

课程实现的教学目标。不同课程代码的课程，应形成不同教学要求和内容的教学大纲。

4. 课程教学内容

课程内容主要根据课程目标而确定，包括课程实践项目设置、涉及的知识点及技能点、实验技术路线等。

5. 教学基本要求

指各教学环节的安排和要求。教学环节的内容一般根据课程性质而确定。教学环节主要包括：实验准备（集体备课、仪器及材料、预实验、分组等），实验讲授（实验目的、实验原理、主要仪器设备及材料、实验步骤及注意事项、实验记录及实验报告撰写、实验行为素养要求等），实验操作（操作步骤、注意事项），实验课后讨论，等。

6. 成绩考核与评分标准

贯彻加强能力和素质考核的思想，将形成性评价与终结性评价相结合，注重实验行为素养、实验过程、实验报告、实验考试等综合考核。

7. 学生修读要求

明确学生修读本课程的先修课程及后续课程学习要求。

8. 实践教学资源

根据课程目标和内容合理选择教材、主要教学参考书，标明教材名称、出版社、出版时间、主编单位等。教材的选定应根据学校的有关规定执行，选用高水平的教材。同时注明需要学生自主学习或浏览的网络教学资源。

（三）教学大纲的参考格式

1. 课程描述

课程代码：

课程名称：

课程英文名称：

课程性质：

总学时：学时数

学分：学分数

修读学期：

授课对象：

2. 课程简介

中文课程简介（300字左右）

英文课程简介

3. 课程目标

指该门课程在人才培养过程中的地位及作用；学生通过该门课程的学习，应掌握的知识点和应达到的专业能力等教学目标。

4. 成绩考核与评分标准

说明考试的形式、方法和要求，平时考核、实验报告、实验考试等所占分数的比例构成。

5. 结尾部分

执笔人：

编写日期：

审核人：

6. 实验项目卡

课程实验项目列表（项目名称、项目编号、实验项目性质及类型）；

每个实验项目简介（实验项目名称、主要内容、实验仪器设备、实验材料与试剂）。

（四）教学大纲的管理

1. 教学大纲是组织课程课堂教学的重要依据。为保证课堂教学的连续性、稳定性，教学大纲一经批准后必须严格执行，不得随意改动。

2. 在课程教学大纲执行过程中，各教研室可根据学科的发展变化需要对教学大纲做适当调整，拟对教学大纲进行增删和调整时，需向所在学院（中心）审核备案。

3. 教学大纲一般每四年与培养方案同步全面修订一次，特殊情况下也可以提前修订。

4. 学院可根据本单位特点，适当调整教学大纲的内容与形式要求。教学大纲审定合格后，以学院为单位编印教学大纲合订本，并报学校教务处备案。

二、本科实验教学管理办法

第一章 总 则

第一条 实验教学是指本科人才培养方案规定的独立开设和包含在理论课中的实验课教学。实验教学是高等学校教学工作的重要组成部分，是培养学生实践能力与创新能力的重要教学环节。

第二条 为了科学组织实验教学，规范实验教学过程，加强实验教学管理，全面提高本科实验教学质量，依据《高等学校实验室工作规程》《高等学校教学管理要点》及《关于加强高等学校本科教学工作提高教学质量的若干意见》，特制定本办法。

第二章 实验教学体系建设

第三条 依据学校本科人才培养目标、专业培养方案以及相关理论教学体系，各教学单位要构建具有明确实验教学目的的实验教学体系。

第四条 实验教学要以学生为本、以教师为主体，贯彻因材施教的原则，逐步提高综合性、设计性和研究性实验的比例，逐步建成相对完善、独立的普通教育基础实验、学科基础实验和专业教育实验课程体系。

第三章 实验教学文件制定与管理

第五条 实验教学计划是本科培养方案的重要组成部分。根据人才培养目标，各学院要在本科培养方案中将实验课程名称、课程类别、课程性质、学时、学期、独立设课的实验课学分等内容列出，形成完整的实验教学计划。

第六条 学期开课计划是实验教学的执行文件。各学院要严格依据《吉林大学本科培养方案》制定实验课程的学期开课计划，并认真组织实施。如遇特殊情形需做调整，须由承担实验教学任务的教学单位于排课之前经与学生所在学院主管院长协商同意，上报教务处批准后实施。

第七条 实验教学大纲是实验教学的重要指导性文件，是组织实验教学、规范实验教学过程、检查实验教学质量、指导实验教学工作的重要依据。人才培养方案中规定的教学实验（含课程内实验、独立设课实验）均须制定独立的实验教学大纲，并确保每两年修订一次。实验教学大纲的制定与修订，由教学单位根据人才培养方案组织教研室及实验教师遵循科学性、先进性和可行性原则进行。跨院开设的实验课，学生所在学院应参与实验教学大纲的制定与修订工作。根据课程性质，实验教学大纲中应规定一定数量的选做实验项目。实验教学大纲应单独汇编成册，上网公布，并上报教务处。

第八条 实验教材（或实验指导书、实验讲义）是实验课的重要基础。实验课要有独立的符合实验教学大纲要求并具有科学性、系统性、先进性和可操作性的实验教材。实验教材中要有一定数量的由学生自主完成的综合性实验项目，引导学生自主设计、自主实验。

第九条 实验教学档案是实验教学管理的重要内容，也是实验教学工作考核的依据之一。各教学单位要认真做好实验教学档案资料的收集、整理、存档、上报等工作，建立规范的实验教学档案。

第四章　实验项目管理

第十条 实验项目是构成实验教学目的、任务、要求的基本单元。各教学单位要组织相关人员按照规定的实验学时科学安排实验项目，注重学生基本实验能力、创造性实验能力的培养。

第十一条 实验项目按形式和内容可分为演示性实验、验证性实验、综合性实验、设计性实验和研究性实验等类型。

1. 演示性实验是由教师操作、学生观察以验证理论、说明原理和介绍方法为目的的实验，一般在两种情况下安排：一是实验内容重要，应加深学生对实验现象的认识或对理论知识的理解，但实验操作简单；二是实验内容新颖、实验方法先进，应使学生了解和认识实验内容、方法或仪器，但操作复杂、设备昂贵、材料消耗多。

2. 验证性实验是按照实验教学要求由学生动手操作的实验，其目的是验证课堂所学理论，加深对理论知识的理解，掌握基本的实验知识、实验技能和科学研究方法，学会撰写规范的实验报告。

3. 综合性实验是学科内一门或多门课程内容的综合或跨学科的实验，其目的是拓宽学生视野、提高学生综合应用多学科知识的能力与实验技能。

4. 设计性实验是根据实验目的和要求，学生自行设计实验方案、独立操作完成的实验，并要求进行综合分析、写出实验报告。其目的主要是培养学生思考能力、组织能力和自主实验能力。

5. 研究性实验是学生自主提出或结合教师的科研项目及生产生活实际问题，综合运用多学科知识，在教师指导下独立进行的实验。通过实验学生能初步掌握科学思维方式和科学研究方法，学会撰写研究报告和有关论证报告，培养创新能力。

第十二条 各教学单位要加强对实验项目的管理。所有实验要实行规范管理，建立实验项目卡（纸质文档及电子文档）。各实验中心（室）还要按实验课程建立学期执行实验项目数据库，按学年上报教务处，作为学校上报教育部的基础数据。

第十三条 实验项目的开设应与实验教学大纲规定的项目一致，不得随意缩减学时或更改要求。因仪器设备条件限制无法开出的实验项目，应上报教务处，由教务处负责协调校内相关单位予以解决。

第五章 实验教学过程组织及管理

第十四条 实验教学实行校、院两级管理。全校的实验教学工作在分管校长的领导下由教务处负责管理，各教学单位的实验教学工作在分管院长（或主任）的领导下由本科教务办、系、教研室（或实验室）组织实施。

第十五条 教务处负责制订实验教学管理规章制度，组织、协调、督促、检查、评估全校本科实验教学工作，组织重大实验教学改革，推广实验教学经验，汇总、上报实验教学数据；会同相关职能部门加强实验教学条件建设，共同促进校内实验教学资源的充分利用与共享。

第十六条 各教学单位负责制订相关规章制度的实施细则；制订、实施实验教学计划，监控实验教学质量，管理教学实验室的日常工作；积极开展实验教学改革。

第十七条 学期实验开课计划要明确实验课程的设置、实验学时分配和实验教学进度。各教学单位要于每学期前两周将学期实验开课计划汇总，上报教务处。

第十八条 实验教学课表是规范实验教学秩序的重要依据。各实验室应根据实验教学任务和学生选课情况在每学期前三周公布实验教学课表，同时报本单位教务办和教务处。各教学实验室应全天候开放。

第十九条　实验教师要根据《吉林大学教师本科教学工作规范》的要求进行教学，认真备课，严格执行实验教学计划和实验教学大纲。实验教师和实验教学准备人员在实验课前必须做好仪器设备调试、实验材料配备等实验准备工作。新开实验项目和新任课实验教师须试做实验，并写出试做实验报告。

第二十条　为保证学生实验能力的培养，要以能满足实验要求的最低人数为分组标准组织实验教学。因实验仪器设备台套数量所限达不到实验分组要求的实验项目，应及时上报教务处。

第二十一条　学生进入实验室，必须严格遵守《吉林大学本科生实验守则》及其他有关实验室规章制度。

第六章　实验教学检查与考核

第二十二条　为全面了解实验教学状况，及时解决实验教学中遇到的问题，改进教学方法，提高教学质量，各教学单位要加强日常管理与实验教学检查。学校也将组织专家不定期抽查实验教学状况，提出相应整改措施。

第二十三条　严格实验课考核制度，注重学生能力培养。课程内实验必须经过考核后给出实验成绩并按一定比例计入课程总成绩，具体比例按实验部分学时占所属课程总学时的份额确定。未提交实验报告五分之一以上，或缺做实验项目五分之一以上者，取消实验课成绩。实验考核违纪、舞弊者，成绩按零分计。课程内实验考核不及格者，不能参加所属课程的期末考试、取得学分。实验课不能免修。

第二十四条　实验教学应结合课程实际采取形式多样的实验考核方式，如笔试、操作、平时考核、答辩、实验报告、小论文等方式。考核方式应客观反映学生对实验知识的掌握程度和动手操作能力，应有利于培养学生实践能力和创新意识。

第七章　实验教学保障

第二十五条　建立完善的实验教学规范体系。各教学单位要根据各学科实验教学要求建立健全实验教学实施规范，使实验室管理与建设、实验教学人员管理、实验指导、实验操作等环节均具有科学完善的实施规范。

第二十六条　加强实验教师队伍建设。各教学单位要配备具有高度事业心与责任感、善于开拓创新的教师参与实验教学，加强教学能力培养。

第二十七条　加强实验条件建设。各教学单位应多渠道加强实验条件建设，避免低水平重复；充分利用现有条件增加学生动手操作机会，积极推进实验教学资源共享；积极利用补充教学手段弥补教学设备相对落后的缺陷，提高学生对新技术、新方法、新手段的应用能力。倡导自制实验教学装置。

第八章　实验教学研究与改革

第二十八条　实验教师应积极开展实验教学研究与改革，注重实验教学内容的更新与整合，加快实验教学内容从单纯演示性、验证性实验向综合性、设计性实验的转变。

第二十九条　为满足创新人才培养要求，各教学单位应不断更新实验项目，逐步增加综合性、设计性实验。理学部、工学部、信息学部、地学部、医学部、农学部各学院，有综合性、设计性实验的课程比例应达到85%以上；综合性、设计性实验项目所占比例应达到30%以上；学院每学年新增或改造实验项目不少于5%。

第三十条　实验教师应积极探索建立新型的适应学生能力培养、鼓励探索多元实验考核方法和实验教学模式，推进学生自主学习、合作学习、研究性学习，注重学生科学研究能力和团队协作精神培养。

第三十一条　各实验室应创造条件向本科生开放，吸引学生课余时间在实验室进行科技创新或自主实验。应开设一定数量的开放性实验，供学生自由选择，鼓励学生自带题目到实验室进行研究。

第九章　附　则

第三十二条　本办法由教务处负责解释。

第三十三条　本办法自发布之日起实施。

三、本科实习教学管理办法

第一章　总　则

第一条　本科实习教学是人才培养方案的重要组成部分，是促进学生理论联系实际、培养实践能力的重要教学环节。为加强实习教学工作管理，实现实习教学目的，提高实习教学质量，特制定本办法。

第二条　本办法所指实习教学，是本科培养方案中独立专业实践环节的统称，主要包括工程训练、认识实习、读书报告、教学实习、专业实习、生产实习、社会调查与社会实践、综合实验、课程设计、毕业实习等环节，不包括毕业论文（设计）环节。

第二章　实习教学的组织领导

第三条　全校本科实习教学在分管教学副校长的统一领导下进行。教务处负责组织管理与监督工作，学院负责建设实习教学团队与实习教学资源、落实实习教学任务。学校其他部门协同做好有关工作。

第四条　教务处工作职责：（1）制定学校实习教学指导性文件，检查学院实施细则制定工作和执行情况；（2）检查教师教学资格认定制度实施情况；（3）审核学院实习教学执行计划，编制全校实习教学执行计划，下达实习教学任务；（4）制定实习经费预算执行计划，检查实习经费的使用情况，监管外埠实习经费；（5）检查实习教学工作运行情况，协调解决疑难问题；（6）管理校内外实习基地建设工作；（7）评估全校实习工作，评价教学质量，组织教学研究与经验交流。

第五条　学院工作职责：（1）建设满足培养方案要求的实习教学团队；（2）组织制定实习教学标准（含考核）；（3）制定教师实习教学能力考核办法，认定教师独立承担实习教学的资格；（4）制定教师实习教学规范、教师实习工作考核办法；（5）制定学生实习守则，制定实习安全与保密管理实施细则；（6）组织教学团队制定年度实习教学实施方案；（7）负责校内外实习基地建设和运行管理；（8）检查实习教学准备，检查实习计划执行情况；（9）监控实习教学质量，总结实习工作；（10）考核教学团队负责人年度工作。

第三章　实习教学团队建设与职责

第六条　实习教学团队是执行实习教学任务、实施实习教学建设、开展实习教学研究的基本教学组织。

第七条　学院组建所有实践环节（含系列）的实习教学团队，聘任团队负责人主持团队工作。负责人聘期一般为四年。

第八条　选配团队教师，应坚持结构合理、经验丰富、研究方向互补原则，以教授、副教授为主要力量，讲师、助教为后备教学主力培养对象；确保数量充足、相对稳定，人数以教学任务需求的1.5倍为宜。

第九条　实施实习指导教师资格认定制度。取得指定实践教学环节独立指导资格的教师，方可独立指导学生实习。

第十条　实习教学团队应根据需要吸纳实验技术人员，保障教学设备建设与管理。

第十一条　实行实习教学团队年度备案制度，所有实习教学团队均须在教务处备案。

第十二条　实习教学团队承担实习教学研究、教学建设及教学运行工作，特别是培训实习教学师资队伍、制定（修订）教学大纲及实习教学标准，建设实习教学指导书及实习基地教学资源，执行校内外实习基地运行工作；制定教学效果评价体系，实施效果评价。

第十三条　教师在教学团队负责人带领下履行以下职责：（1）积极参与实习教学工作，积极参与实习教学研究与教学建设。（2）遵守教师教学工作规范，服从教学团队工作安排；坚守岗位，不迟到，不早退，不擅自离岗，不擅自找人代岗。（3）工作认真负责，团结协作，关心学生，教书育人。（4）参与集体备课，认真执行实习教学大纲与实习教学方案，严格考核学生实习成绩；总结实习工作。（5）维护师生人身财产安全，指导学生规范操作实习设施，避免各类安全事故、损坏资产事故发生。

第四章　教学组织与管理

第十四条　每年10月制定下一年度实习教学执行计划。根据本科人才培养方案，各学院向教务处报送本院各专业独立专业实践环节教学执行计划；教务处制定全校的执行计划，下达教学任务，协调确定执行时间。

第十五条　根据实习环节内容特点和实习场所情况，采取地点、时间、人员三方面集中与分散方式组织教学。在地点安排上，采取校内与校外相结合等方式。在时间安排上，在校内进行的实习应根据教学日历及课表安排进行，赴校外进行的实习应集中时间进行。在校外进行实习一般要求集中组织学生实习，如确系专业特点需安排学生分散实习，学院须做好教学安排，对学生在校外期间行为规范提出要求，并加强教学指导。学生实际实习周数（学时）必须与培养方案规定的周数（学时）一致。

第十六条　所有实习环节，学生必须完成全部实习任务、独立完成实习报告或设计报告，方可参加考核。考核方式应客观反映学生对实习教学内容的掌握程度和实践能力提升，应有利于激发学生实习兴趣和创新意识。集中进行的实习，成绩考核应在实习结束一周之内完成；学生分散在校外各地的实习，成绩考核应在学生返校一周之内完成；对在校外基地实习的学生，依据合作单位兼职指导教师评价进行综合考核。实习成绩按百分制记分。

第十七条　学生在实习期间因故（含请假）缺少1/5及以上实习学时，不能取得该实习环节的考核资格。实习成绩不及格者，必须重修。实习环节不能免修。

第十八条　实习教学团队在院（系）的统一安排下做好实习教学工作。（1）制定实习教学实施方案。（2）组织师生研习实习教学大纲，组织教师认真进行集体备课。（3）执行实习教学大纲、实习教学规范，足额足时完成实习任务，检查实习效果，考核教师工作业绩，总结实习教学工作。（4）集中进行的实习，负责实习期间的学生实习管理工作，组织学生学习实习守则等各项规定；严格执行保密规定、安全规定。（5）与实习基地共建单位建立良好的合作关系。

第十九条 实习教学团队根据实习教学实施方式落实教学任务。在校内进行的实习，其教学组织方式、人员配备、条件保障，与实验课程相同；在校外进行的实习环节，包括分散进行的校外实习，由实习教学团队负责人组建的年度实习教学队伍（以下简称实习队）执行教学任务。

第二十条 实习教学团队负责人任命实习队队委会。实习队队委会负责组织落实实习期间的实习教学工作、政治学习和团队活动。队委会设队长、副队长、政委各1人，设教学秘书1人。队长由教授担任，副队长由副教授以上专业教师担任，政委由学生工作负责人担任。队长负责实习教学全面工作；副队长协助队长落实包括实习场所、实习条件、校外实习基地等在内的实习工作，分管保密工作；政委负责学生思想政治工作，分管安全工作；教学秘书负责教学运行管理。

第二十一条 实习队指导教师最低人数，以一个行政班级（30～40人）为测算单元配备，一年级1名，二年级2名，三年级3名，四年级以上5名。集中地点进行的实习环节，实习学生规模超过3个行政班（100人），承担教学任务的教学单位配专职教学秘书、专职行政秘书各1人；学生所在单位配1名政治辅导员；必要时按每200名学生配备1名辅导员。

第五章 实习安全与保密工作管理

第二十二条 学院成立以主要负责人为组长、实习教学分管副院长及相关领导为副组长的实习安全与保密管理工作组，负责制定实施细则、检查实习安全与保密工作、处理相关事务。

第二十三条 学院根据具体学科性质、实践环节特点、实习场所类型等因素，制定切实可行的实习安全与保密工作实施细则。将安全与保密工作的执行情况，纳入教师、学生考评体系。在校内实验室进行的实习，安全、保密工作遵照实验室的相关规定执行。

第二十四条 认真做好安全、保密教育工作，训练师生应对突发事件的技能；全方位、全天候、多举措，面向全体人员，抓好安全、保密工作，做到万无一失，确保人身财产安全与国家信息安全。

第六章　校外实习基地建设与运行管理

第二十五条　各教学单位应根据实习教学大纲要求，对实习基地条件进行全面规划、整体建设，特别是加强实习基地内涵建设，注重模拟工业、社会等环境进行综合实习实训基地建设，不断改善实习条件。

第二十六条　根据教学要求，依托产学研合作关系，吸收优质社会教学资源，建设校外工程实践、社会实践、创新创业实践等各类实习基地，拓展创新创业实践空间，促进学生走向社会、真实体验行业发展。

第二十七条　建设校外实习基地，应经过实习教学团队的调查研究、学院教学委员会讨论论证等程序。实习基地应相对稳定。新建基地须在教务处备案后方可启用。

第二十八条　建立校外实习基地，应与行业相关单位建立合作共建关系，签署合作协议，明确合作内容和各方职责，明确对方可提供的教学资源及利用模式；努力把实习教学与合作单位的实际工作任务结合起来，做到互利互惠，取得合作单位最大支持。

第二十九条　建立校外实习基地，应具备教学大纲规定的实习资源要求；合作单位具有培养人才的社会责任感，愿意承担实习教学任务；实习场地设备条件先进，技术管理规范，安全管理严格，文化氛围高尚；合作单位人力资源丰富，技术水平较高；基地所在地交通便利，食宿方便，实习成本较低。

第三十条　双方共同建设用于学生实习实训的教学资源辅助实习教学，如信息化实习教学资源与教学手段等。学校出资建设的资源，产权归属学校，协议委托合作单位管理。

第三十一条　双方应指定专人管理实习基地、实施实习教学与资源建设。学校颁发聘书聘请合作单位技术人员作为兼职实习指导教师，共同制定实习方案、管理实习过程、考核实习成绩。

第三十二条　建立双方协作与交流机制。年度实习结束，双方共同总结实习经验，查找工作不足，优化教学管理，促进实习教学改革。

第七章　质量保证与质量监控

第三十三条　所有实习环节，均应制定教学工作质量标准、实习考核标准、教学效果评价标准，以及教师教学工作规范，并在实际工作中实施。

第三十四条　严格实施指导教师资格认定制度，配备数量充足、具有相应教学环节教学资格的教师承担教学任务。

第三十五条　做好实习前、中、后期的质量管理工作。（1）前期，做好教学条件、教学文件建设，充分研讨教学大纲，明确实习内容、目的与要求；（2）实习过程中，充分调动学生的学习兴趣与实践能动性，引导学生积极思考、善于动手；实习报告撰写环节，指导学生撰写科学、严谨、规范、求实的专业实习报告；（3）实习结束后，学院、实习教学团队（含实习队）组织收集信息反馈，分析学生实习教学效果，倾听学生的意见与建议。

第三十六条 在校外实习基地进行的实习环节，要进行实习过程管理评价工作，由合作单位兼职指导教师对学生的实习表现进行评价，评价结果在实习成绩中体现。

第三十七条 各学院进行工作总结，并向教务处提交学院实习工作总结。总结实习教学团队建设，教学建设与教学改革，实习计划执行情况，安全、保密措施及实施效果，教学条件与经费保障，学生反馈与教学效果，存在的问题、改进计划，经验体会与建议，等等。

第八章　实习教学研究与教学建设

第三十八条 强化实践育人理念，遵循培养学生服务国家服务人民的社会责任感，培养学生实践能力、创新精神、创业意识的育人理念，实习教学团队应开展广泛深入的教学研究与改革。

第三十九条 探索实习教学新模式，特别是探索校内与校外、实体与仿真、认知与实操相结合的实习教学模式。不断更新教学内容，及时将科研成果转化为实习教学内容；建设及时反映教学内容改革、教学手段更新、教学条件升级要求的实习教材；加强教学标准研究与建设，优化实习教学质量评价工作。

第四十条 学校建设实习教学师资队伍培训平台，促进青年教师实践教学能力提升；加强实习教学平台系统建设和实习基地标准化建设工作。

第九章　附　则

第四十一条 本办法适用于全校除临床医学、口腔医学、护理学以外的所有专业。临床医学、口腔医学、护理学专业实习教学管理规定另行制定。

第四十二条 本办法自颁布之日起生效。

第四十三条 本办法由教务处负责解释。

四、临床医学专业毕业实习管理办法

临床医学专业毕业实习管理办法按照《吉林大学临床医学专业毕业实习管理细

则》执行。

临床医学专业的毕业实习在医学教学中占有重要的地位，是学生向医生过度的最关键性的阶段。它既是学生综合运用已学理论知识与技能来解决实际问题的实践过程，更是全面提高学生综合素质、培养学生创新精神和实际能力的教育过程。为使临床医学专业毕业实习管理工作更加规范化、制度化，从而保证毕业实习质量，特制定本细则。

（一）临床医学专业毕业实习的内容、时间

1. 临床医学专业实习范围主要为临床二级学科，包括内科学、外科学、妇产科学、儿科学、神经病学等学科。毕业实习一般为36-48周，学生在实习科室内按一定的顺序进行分组轮转，依次完成实习任务。

2. 我校临床医学专业毕业实习一般安排在第8至9学期，即当年3月1日至10月31日。

（二）临床医学专业毕业实习的管理

由于临床医学教育的特殊性，该教学阶段的教学必须在各教学医院的相关科室中实施。因此，必须建立有效的学校、医院和临床科室的三级教学管理体系，明确分工，各负其责。

1. 学校对临床医学专业毕业实习的管理

（1）制定毕业实习的目标、规划、规模等基本要求，以及必要的规章制度。

（2）组织落实各项有关政策。

（3）制定毕业实习的教学计划和实施任务书，并且协调和监督计划的执行。

（4）建立毕业实习质量评估体系，组织专家对毕业实习质量进行评估。

（5）确定毕业实习教学过程的改革和建设目标，启动教改过程。

（6）根据毕业实习规划的要求，加强临床教学基地的建设及经费投入等。

2. 医院对临床医学专业毕业实习的管理

（1）制定医院有关毕业实习的规章制度，并组织落实。

（2）加强医院教学的基本建设，保障毕业实习的顺利完成。

（3）制定本院毕业实习大纲和实习轮转计划等教学文件，组织、协调各实习科室的教学安排。

（4）按照学校评估指标，组织对临床实习教学过程的监督、检查和评价，保证教学质量。

（5）组织、协调毕业实习学生的出科考试及毕业考试。

（6）加强毕业实习过程中的学生管理工作。

3. 临床科室对临床医学专业毕业实习的管理

（1）根据医院毕业实习的轮转计划制定本科室学生实习教学计划，并组织落实实习计划的完成。

（2）建立和完善本科室保证毕业实习质量的制度和措施，保证毕业实习的顺利完成。

（3）安排各级实习指导教师，落实和监督带教情况，保证毕业实习的基本条件和要求。

（4）组织本科室的教学检查和教学考核。

（三）临床医学专业毕业实习指导教师的管理

1. 毕业实习指导教师的基本条件

毕业实习指导教师是提高毕业实习质量和水平、实现毕业实习教学目标的重要保障。其基本条件为：

（1）毕业实习指导教师必须具有教师资格。

（2）毕业实习指导教师必须具有执业医师资格。

（3）毕业实习指导教师必须具有一年以上（不含见习期）的临床工作经历。

（4）毕业实习指导教师必须具有高尚的职业道德和良好的教师风范。

2. 毕业实习指导教师的具体要求

（1）毕业实习教学实行指导教师负责制，每个指导教师应对整个毕业实习阶段的全部教学活动负责。

（2）毕业实习开始之前，指导教师要做好充分的准备，包括对教学目标和计划的理解、教学条件和教学病种的准备。

（3）指导教师应按照教学大纲的要求，"严格管理、严格要求、严格训练"，切实落实对学生实践能力的培养。

（4）指导教师应尽量了解学生的情况，因材施教，重点培养实习学生良好的临床思维能力、独立分析问题的能力和严谨的科学工作作风，充分调动学生的积极性，注意启发学生的创造力。

（5）指导教师应引导学生循序渐进地适应和胜任临床工作，对接待病人、临床问诊、临床检查、诊断和鉴别诊断、书写病例、临床处置等过程逐步熟悉掌握。

（6）指导教师要充分注意对学生临床独立工作能力的培养，在各级临床医师的指导下，应该给予学生更多的实践机会，使学生在临床服务和解决问题的过程中发展提高。

（7）指导教师要充分注意对学生综合能力的培养，除临床工作能力外，还应该包括获取和运用知识的能力、人际沟通与交往能力以及临床事务管理能力等。

（8）指导教师应从德、智、体等多方面关心学生的成长，做学生的良师益友，帮助他们树立以人为本的思想和规范化服务的意识。对于违反实习纪律的学生，除帮助教育外，还应与主管部门联系，及时作出相应处理。

（四）临床医学专业毕业实习学生的管理

毕业实习学生，也称为实习医师，是毕业实习教学阶段的教学主体之一，实习医师的主要职责为：

1. 在教师的指导下从事临床工作，在每一轮转科室一般负责4～6张病床，实习医师无处方权。

2. 实行12小时负责制，夜间和节假日应该安排值班。

3. 负责接诊新病人，24小时之内完成入院病历；每日完成病程记录并处理各种诊治结果，应保证病历的及时、准确、完整；及时完成各项病案文书工作，包括会诊单、转科小结、手术记录、死亡记录、出院小结等。

4. 每日进入病房后，巡诊所管的病人，参加病房医护交班；参加上级医师的查房并准确记录和执行查房意见。

5. 参加急诊病人的诊治处理及危重病人的抢救，并详细记录急诊病人和危重病人的各项诊治处理意见和结果。

6. 陪同会诊医师诊治病人，并详细记录会诊意见。

7. 参加实习科室的各项医疗会议，包括科室查房、临床病历讨论、临床死亡讨论等。

8. 参加实习科室和医院的各类学术活动。

9. 服从上级医师的管理，遵守医院和科室的各项规章制度，树立依法行医的观念。

10. 注重高尚医德医风的养成，尊重病人的生命，保护病人的权利，维护病人的尊严，认真履行职责，拒绝不正之风。

（五）临床医学专业毕业实习的考核

1. 毕业实习考核的基本原则

（1）医疗为本的原则：考核组织工作和内容应面对医疗实际，要在保证临床医疗工作的正常秩序和尊重医疗实践的实际情况下安排考核。

（2）注重基础的原则：在面对医疗实际的同时，应注意基本知识、基本理论与临床医疗工作的联系和贯通。

（3）注重能力的原则：在考核必要的基本理论、基本知识的基础上，要以考核能力为重点，包括基本技能、临床思维、了解病人心理以及如何与病人沟通等。

（4）综合评价的原则：对于任何形式的考核内容均应进行综合评价，尤其不能忽视医德医风的考核，使毕业实习的考核更符合学生的全面情况，有利于激励学生全面发展，实现综合素质的提高。

2. 毕业实习考核的具体要求

（1）毕业实习的平时考核

为了保证毕业实习的质量和效果，应该认真进行毕业实习的平时考核工作，包括医德医风、学习态度、制度遵守、出勤考核等。对无故不参加实习，且累计两次以上的学生，取消其毕业考试资格，并按相关规定给予处理。

（2）毕业实习的出科考核

在完成每一科的实习轮转之后，应该给出该科的实习成绩，具体时间由各科安排。该项考核以实际临床能力考核为主，主要对应该掌握的基本技能和临床能力进行实践性考查，如报告病历、查体、病历书写、阅读X光片、书写心电图报告以及回答相关的问题等，一般采取专家组现场考核的形式。

（3）毕业实习的综合性考核

该考核是以毕业实习为基础的全学程学业结束的综合性考试。其目的在于了解学生基本理论、基本知识、基本技能掌握的情况，检验学生临床思维和能力培养的效果，考量学生是否具有临床医学毕业生的基本资格。

①考试时间

一般应在毕业实习结束后的一周之内。

②考试内容

包括专业考试和专业外语考试。

专业考试：以临床学习的主干课程为主，如内科学、外科学、妇产科学、儿科学，也可以包括精神病学、神经病学、传染病学以及与医学、人文学相关的内容；出题的范围应结合临床实际，形式一般为综合病历，要求学生对所给病历做出初步诊断、鉴别诊断及治疗方案等；鼓励运用多媒体等其他现代化手段，使考试情景更加符合实际。

专业外语考试：为卷面考试，以翻译文献为主，其成绩占综合性考试成绩的30%。

3. 毕业实习成绩的评定和管理

毕业实习出科考试成绩按实习科室分别予以记录，平时考核占出科考试成绩的30%。毕业考试成绩包括出科考试成绩和综合性考试成绩两部分，分别占40%和60%。出科考试成绩由各科室组织考试后一周内报各院科教科汇总，并在毕业实习结束两周内，由各院上报学校教学主管部门，会同综合性考试成绩一起作为毕业考试成绩记入学生成绩单。

五、本科毕业论文（设计）管理办法

第一章　总　则

第一条　毕业论文（设计）是在本科教育阶段达成毕业要求、实现培养目标的重要教学环节。为了切实做好我校毕业论文（设计）工作，提高毕业论文（设计）质量，规范毕业论文（设计）工作管理，根据《中华人民共和国高等教育法》《高等学校预防与处理学术不端行为办法》《吉林大学本科学生学籍管理规定》《吉林大学学士学位授予工作细则（修订）》《吉林大学本科培养方案》等相关规定，结合学校实际，制定本办法。

第二章　教学目的与教学要求

第二条　毕业论文（设计）的教学目的是要求学生运用所学的基本知识、基本理论和基本技能进行综合实践训练，培养其提出问题、分析并解决问题的能力和开拓进取的科学精神。

第三条　教学基本要求是培养学生理论联系实际的工作作风和严肃认真的科学态度。能够综合运用所学知识、独立分析和解决实际问题。

第三章　教学组织管理及职责

第四条　毕业论文（设计）工作在学校分管教学工作的副校长领导下，由教务处、学院、系（专业）分工负责，共同完成。

第五条　教务处具体组织和管理全校毕业论文（设计）工作。职责如下：

（一）研究、制定与毕业论文（设计）相关的指导性规章制度。

（二）负责管理、运维"吉林大学毕业论文（设计）管理系统"（以下简称"毕业论文（设计）管理系统"）。

（三）组织专家对学院毕业论文（设计）工作各阶段进展情况进行检查，督促工作进程，检查毕业论文（设计）质量。

（四）审核、评选"吉林大学优秀毕业论文（设计）"，颁发奖励证书；举办优秀毕业论文（设计）展览；编制《吉林大学本科优秀毕业论文（设计）汇编》等。

（五）汇总各学院毕业论文（设计）成绩和毕业论文（设计）工作总结，提出改进意见，推广先进工作经验。

第六条 学院负责组织和管理本学院的毕业论文（设计）工作，具体由分管教学副院长负责，教学秘书协助。职责如下：

（一）制定实施细则。根据本办法制定本学院的毕业论文（设计）工作实施细则，在学院内公布并报教务处备案。

（二）制定教学标准。成立毕业论文（设计）工作领导小组，依据各专业培养方案及毕业要求，制定各专业毕业论文（设计）教学、评分标准，规定各专业学生能够进入毕业论文（设计）环节的学分要求。

（三）实施全程管理。检查监督各系（专业）毕业论文（设计）工作计划落实情况，组织拟题、审题、选题、开题、答辩、成绩评定、论文抽查、推荐校级优秀毕业论文（设计），及时解决存在的问题。

（四）工作总结与质量分析。分析学生毕业论文（设计）学习效果，通过"毕业论文（设计）管理系统"做好毕业论文（设计）资料的上传、保存工作。

（五）负责组织毕业论文（设计）抽查和评价工作。

第七条 系（专业）是毕业论文（设计）工作管理的基本单位，主要履行以下职责：

（一）落实毕业论文（设计）任务，包括选聘校内外指导教师，审议并确定毕业论文（设计）选题，并报毕业论文（设计）工作领导小组审批。

（二）确定本系（专业）学生的毕业论文（设计）时间、地点、方式、经费及所需实验设备的分配等。

（三）对毕业论文（设计）提出相关要求及注意事项。

（四）组织本系（专业）毕业论文（设计）答辩，确定各答辩小组成员并指定负责人，平衡各组进度及评分标准。

第八条 指导教师资格认定：

（一）指导教师应由具有一定教学工作经验和较高教学、科研水平且工作认真负责的讲师及以上职称教师担任。

（二）学院教学委员会负责认定年度毕业论文（设计）指导教师资格。

第九条 指导教师应履行下列职责：

（一）在调查研究的基础上选定课题，填写毕业论文（设计）任务书。

（二）指导、审查学生拟定毕业论文（设计）的进度、工作内容与方法，定期答疑（质疑）、检查学生毕业论文（设计）进度。

（三）加强学术诚信教育。及时纠正学术不端行为，必要时向学院建议取消学生答辩资格。

（四）按照专业毕业论文（设计）教学大纲与教学标准要求，落实教学内容，审查毕业论文（设计）成果及定稿毕业论文（设计），指导学生做好毕业论文（设计）答辩准备。

（五）配合毕业论文（设计）的校外指导教师应根据学院有关规定，及时掌握学生工作质量和进度情况。

（六）在毕业论文（设计）完成后，对学生进行全面考核，撰写评语，提出评分的初步意见。

第四章 教学过程管理

第十条 学院开展毕业论文（设计）工作前，制定工作计划和安排，公布相关管理规章制度，检查实践教学条件。

第十一条 开展毕业论文（设计）选题工作，基本要求如下：

（一）毕业论文（设计）的选题，应具有适当的深度、难度和工作量。

（二）多名学生共同参与同一研究项目，题目名称要有区别，学生不仅需要完成协作部分内容，还要完成自己的独立部分工作。

（三）采用师生双向选择方式进行选题。题目数量原则上应大于应做毕业论文（设计）学生的人数（1.2倍以上为宜）。每个题目都必须先提供充分的资料、文献、数据和规范等依据。不允许先立题目后找依据。

（四）赴校外进行毕业论文（设计），课题应为学院下达题目或经学院毕业论文（设计）工作领导小组审核认定的企（事）业单位题目。

（五）指导教师在指导过程中认为论文选题必须调整的，在重新确定论文（设计）方向和题目后，须由学生填写《吉林大学本科毕业论文（设计）课题调整申请表》，经毕业论文（设计）工作小组审批后进行重新选题。

（六）采用"毕业论文（设计）管理系统"进行全过程信息化线上管理模式，论文题目须在学院备案后上传"毕业论文（设计）管理系统"。

第十二条　选定题目后，指导教师向学生下达《吉林大学本科毕业论文（设计）任务书》，明确课题任务后学生完成开题报告。

第十三条　为确保毕业论文（设计）的质量，每位指导教师所指导的学生人数应适当，原则上每位教师指导同一届学生人数以不超过5名为宜，少数专业确因指导教师数量不足，指导人数可适当增加，但不得超过8名。指导教师由选题环节双向选择确定，经毕业论文（设计）工作领导小组审批后不得随意更换。

第十四条　学生在校外做毕业论文（设计）时，学院应聘请有实际设计、实验或研究工作经验的中级以上专业技术职务行业专业人员担任校外指导教师，同时选派本专业讲师及以上职称教师负责协同指导、掌握进度、监控质量等工作。

第十五条　有中期检查需要的毕业论文（设计），学院可组织进行毕业论文（设计）中期检查，指导教师对照任务书规定的任务和技术指标，对毕业论文（设计）完成情况进行考核。

第十六条　毕业论文经指导教师审定通过后，于有效时间内在"毕业论文（设计）管理系统"中采用"学术不端检测系统"对毕业论文（设计）进行检测。毕业论文检测由学生自行操作，每名学生有2次查重机会，检测合格的毕业论文（设计）方可参加答辩及成绩评定，原则上2次查重均不合格的毕业论文（设计）不能参加答辩及成绩评定。

第十七条　学术不端检测的合格标准原则上为：理学、工学、农学、医学类专业的论文复制比小于等于20%，其他学科专业复制比小于等于10%。

第十八条　指导教师应根据学生的毕业论文（设计）任务完成情况（含实物作品）、撰写规范程度给予全面审查。审查通过后在"毕业论文（设计）管理系统"中通过学生答辩资格申请，学生方能参加答辩。在校外做毕业论文（设计）的学生的答辩资格，由校内指导教师负责审查。

第十九条　赴校外进行毕业论文（设计）的学生，必须回学校答辩。校内指导教师依据掌握情况和校外指导教师综合评价撰写毕业论文（设计）指导教师评语。

第五章　考核及成绩评定

第二十条　学院在"毕业论文（设计）管理系统"中设置答辩时间及分组情况。

第二十一条　学生的毕业论文（设计）答辩可采用线上或线下两种方式进行，线上必须采用视频答辩方式。答辩时间一般安排在完成毕业论文（设计）环节的最后一周内。

第二十二条　学院成立答辩委员会，下设答辩组，答辩组由5-7名讲师及以上职称教师组成，副教授及以上职称的教师任组长。

第二十三条　答辩程序和要求：

学生简要报告毕业论文（设计）的主要内容，论文内容包括：

（一）课题的任务、目的和意义；

（二）所采用的主要原始资料或参考文献；

（三）论文（设计）的技术方法及主要工作；

（四）论文（设计）的基本结论和价值。

第二十四条　制作实物或创作作品的毕业设计，答辩组须进行实物（作品）验收。

第二十五条　答辩过程须指定专人做好过程记录。对于线上答辩，同时要求全程录音录像，实现整个答辩过程可回溯、可复查，以确保线上答辩质量。答辩结束后将线上答辩音频、视频资料的压缩包上传"毕业论文（设计）管理系统"留存备查，非线上答辩不作录音录像要求。

第二十六条　学院须安排院级督学等对答辩过程进行全程监督检查。

第二十七条　答辩完成后，由答辩委员会根据指导教师对学生毕业论文（设计）情况的汇报、审查意见和答辩情况评定学生毕业论文（设计）最终成绩，并在"毕业论文（设计）管理系统"录入成绩。评分标准由学院根据本科培养方案要求和专业特点制定。

第二十八条　毕业论文（设计）成绩按百分制进行评定。90—100为优秀、80—89为良好、70—79为中等、60—69为及格、59分及以下为不及格。专业内成绩分布由学院设置。

第二十九条　有下列情形之一时毕业论文（设计）成绩为不及格：

（一）设计中有原则性重大错误或基本没有完成任务；

（二）弄虚作假，有抄袭行为；

（三）答辩时概念不清，对主要问题无法回答；

（四）工作量严重不足。

第三十条　毕业论文（设计）阶段工作结束，学校将对所有应届本科毕业论文

（设计）进行一次"学术不端检测"，同时也将抽调部分应届本科毕业论文（设计）开展校外盲评（审）工作，并公布审核结果。对于"学术不端检测"不合格的毕业论文（设计）将认定为不通过，由相关学院应进行调查核实，对已查实的作弊、剽窃、抄袭等学术不端行为应依法撤销已授予学位，并注销学位证书。

第三十一条　学院在毕业论文（设计）教学工作结束后，要认真做好学院、系（专业）两部分工作总结，均需上传至"毕业论文（设计）管理系统"中。

第六章　校级优秀毕业论文（设计）评选

第三十二条　各系（专业）在全面答辩结束后根据本系（专业）实际情况，从评为院级优秀毕业论文（设计）中按毕业生人数3％的数量推荐参加校级评优的毕业论文（设计）评选，学校组成专家组按比例从推荐篇目中评选校级优秀毕业论文（设计）。

第三十三条　校级优秀毕业论文（设计）评选参考标准如下：

（一）选题符合专业培养目标，有利于综合训练与创新能力的培养；

（二）内容观点正确、论据充分、推理严密、计算准确，具有一定的创新性及实用性；

（三）文字表述清楚、简练流畅、逻辑性强、所提供的材料齐全、设计图纸、图表清晰、论文格式符合写作要求；

（四）推荐论文的"学术不端检测"文字复制比原则上应小于等于10％。

第三十四条　教务处对各学院推荐的优秀毕业论文（设计）进行评审后，对获得优秀毕业论文（设计）的学生和指导教师颁发获奖证书。论文（设计）的正本、图纸及附件等材料由教务处整理后，每学年编制《吉林大学本科生优秀毕业论文（设计）汇编》。

第七章　学生守则

第三十五条　独立保质保量完成毕业论文（设计），不弄虚作假，不抄袭他人的成果。

第三十六条　遇事或生病，如请假1至2天，须经指导教师批准；请假3天以上，须经学院批准；累计旷课5天（含）或请假2周（含）者，不能参加答辩。

第三十七条　在毕业论文（设计）期间，按照要求及时认真地在"毕业论文（设计）管理系统"中填报各类材料。

第三十八条　赴校外进行毕业论文（设计）的，须向学院提出申请并获批后方可实施，并须定期向学院汇报工作进展情况。

第八章　附　则

第三十九条　毕业论文（设计）不及格的学生，允许在最大学制期限内回校补做毕业论文（设计）、参加答辩，具体课题和时间由学院、系（专业）安排。

第四十条　毕业论文（设计）的经费由教务处给各学院拨付，标准由各学院根据学科实际情况确定。

第四十一条　本办法适用于全校除临床医学、口腔医学、护理学及临床药学专业以外的所有专业。

第四十二条　本办法由教务处负责解释。

第四十三条　本办法经学校教学委员会修订通过，自颁布之日起生效。原《吉林大学本科毕业论文（设计）工作管理办法（试行）》同时废止。

六、本科毕业论文（设计）抽检工作实施办法

本科毕业论文（设计）抽检工作实施办法按照《吉林大学本科毕业论文（设计）抽检工作实施细则》执行。

第一章　总　则

第一条　按照《深化新时代教育评价改革总体方案》、《关于深化新时代教育督导体制机制改革的意见》、《本科毕业论文（设计）抽检办法（试行）》（教督〔2020〕5号）、《吉林大学一流本科实践教学提升行动计划（2021—2025年）》（校教字〔2021〕13号）、《吉林大学本科毕业论文（设计）工作管理办法》（校教字〔2020〕117号）文件精神，为加强本科毕业论文（设计）全过程管理，提升本科毕业论文（设计）质量，特制定本细则。

第二章　工作程序

第二条　教务处负责本科毕业论文（设计）（以下简称毕业论文）抽检的统筹组织工作。

第三条　本科毕业论文抽检工作遵循"独立、客观、科学、公正"的原则，任何单位和个人都不得以任何方式干扰抽检工作的正常进行。

第四条　本科毕业论文抽检每学年进行一次，覆盖全部本科专业，所有抽检论文均聘请校内外同行专家进行评审，评审将对毕业论文的选题意义、写作安排、逻辑构

建、专业能力及学术规范等方面进行考察。抽检时间为毕业论文答辩之前，抽检对象为本学年拟参加毕业答辩的论文，抽检数量基于各学院参加答辩的本科毕业生人数并采取按比例随机抽取的方式确定。

第五条 教务处利用"毕业论文（设计）管理系统"中的"学术不端检测系统"对所抽检的毕业论文进行检测，检测结果供同行专家作为评审参考。

第六条 校内外同行专家对抽检论文进行线上评审并提出评审意见。每篇毕业论文送3位同行专家评审，所有收回的评审意见均有效。

第七条 论文评审专家对毕业论文的评审意见分为：

A.同意进行论文答辩；

B.修改后本次可以进行论文答辩；

C.不同意进行论文答辩。

第八条 专家评审意见处理办法：

（一）若评审意见均为"A"，则可以进行论文答辩。

（二）若评审意见中有"B"，将认定为"需修改毕业论文"，各学院告知相关学生根据专家评审意见进行修改，修改后的毕业论文需经指导教师同意后方能参加论文答辩。

（三）若评审意见中有"C"，则本次答辩申请无效。若学生及其指导教师对评审意见有异议，可提出申辩理由，以书面形式报送学院教学委员会。教学委员会召开会议进行审议，若审议通过，应形成书面报告，经签字后报教务处，由教务处另外聘请两位专家进行评审。两位专家的评审意见均为"A"，可进行论文答辩；若评审意见有"B"，将认定为"需修改毕业论文"，毕业论文需修改后提交学院教学委员会评审，通过后方能参加论文答辩，若评审意见有"C"，则不能答辩。

第九条 本科毕业论文抽检结果由教务处向各学院反馈，并以适当方式向全校公开。

第三章　抽检结果使用

第十条 本科毕业论文抽检结果的使用：

（一）对连续2年有"C"，且比例较高或篇数较多的本科专业，教务处约谈相关学院主要负责领导并提出限期整改要求。

（二）对连续3年抽检存在问题较多的学院，视为不能保证本科阶段培养质量，予以全校通报。

（三）对涉嫌存在抄袭、剽窃、伪造、篡改、买卖、代写等学术不端行为的本科毕业论文，按照相关程序进行调查核实，一经查实，将取消相应学生本科毕业论文答辩资格或成绩。

（四）抽检结果将作为本科教育教学评估、一流本科专业建设、本科专业认证以及专业建设经费投入等教育资源配置的重要参考依据。

第四章 监督与保障

第十一条 教务处对各学院本科毕业论文抽检工作情况开展监督检查。

第十二条 教务处将本科毕业论文抽检工作经费列入年度工作预算，确保抽检工作顺利开展。

第十三条 各学院应按照要求，准确完整地提供本科毕业论文等材料。

第五章 附 则

第十四条 本办法由教务处负责解释。

第十五条 本办法自发布之日起施行。

七、教学实验室工作规范

教学实验室工作规范按照《吉林大学实验室工作规程（试行）》（校发〔2012〕267号）相关规定执行。

第一章 总 则

第一条 为了贯彻国家的教育方针，做好学校实验室的管理和建设工作，提高教学质量和科研水平，增加办学效益，依据教育部颁布《教育部关于全面提高高等教育质量的若干意见》（教高〔2012〕4号）的相关要求，结合学校实际，制订本规程。

第二条 实验室是高等学校办学基础条件之一，本规程所指的实验室是统筹其所在单位实验用房、仪器设备、技术队伍和管理职责的基层组织，直接隶属于各学院和科研单位（含研究院、研究所、研究中心、重点实验室、工程实验室、工程中心、基地等二级行政单位，以下统称为"学院"）。

第二章 工作任务

第三条 实验教学。围绕提高实验教学质量，根据专业教学计划承担实验教学任务。编写实验指导书，安排实验指导人员，准备实验设备及消耗材料，保证实验教学任务按时完成；培养学生理论联系实际的学风、严谨科学的态度和分析解决问题能力；培养具有创新精神和创新能力的人才。

第四条 科研探索。承担科学研究任务，开展科学实验工作。努力提高实验技术、完善技术条件和工作环境，以保障高效率、高水平地完成科学实验任务。

第五条 开放服务。在保证教学和科研任务的前提下，优先面向校内教师和学生开放，同时，可以面向社会开展技术服务和技术开发活动，直接为国民经济建设服务；开展科学普及活动，为提高公民的科学素质服务。

第六条 管理创新。在严格执行各项规章制度的同时，开展实验室基本条件建设，加强仪器设备的管理和研发，激发实验技术队伍工作积极性，不断吸收新成果和新内容，提高实验教学质量、科技创新能力和实验室管理水平。

第三章 管理体制

第七条 学校的实验室管理体制实行学校、学院两级管理。

第八条 实验室与设备管理处是学校负责实验室工作的业务管理部门，在主管校长领导下，代表学校行使管理职能。主要职责：

（一）贯彻执行国家有关的方针、政策、法令和法规；

（二）制定校内有关实验室工作管理制度并组织实施及监督执行；

（三）制定学校实验室建设发展规划，开展实验室标准化建设；

（四）审查仪器设备配置方案，统筹贵重仪器设备共享和效益评估；

（五）调动实验技术队伍积极性，做好培训、考核、奖惩等工作；

（六）开展环境保护和仪器设备技术安全的管理；

第九条 学院作为二级管理单位，要设一名副院长分管实验室工作，按照学校有关要求，负责指导学院所辖实验室完成所承担的各项任务。主要职责：

（一）制定学院实验室建设发展计划，制定仪器设备配置方案；

（二）贯彻落实有关规章制度，搞好实验室的管理；

（三）制定岗位责任制，定期检查、总结工作，开展内部评比活动；

（四）负责实验室仪器设备日常管理，提高使用效益；

（五）建设实验室的环境条件，保障仪器设备的技术安全。

第十条 实验室的内部管理实行主任负责制。

第四章 规划设置

第十一条 实验室的设置、调整和撤销必须经所在学院批准，报实验室与设备管理处备案。实验室的设置，应当具备以下基本条件：

（一）有稳定的学科发展方向和饱满的实验教学或科学研究任务。

（二）有符合实验技术工作要求的房舍、设施及环境；

（三）拥有足够数量并能配套使用的仪器设备；

（四）配备实验室主任和一定数量的专职工作人员；

（五）有科学的工作规范和完善的管理制度。

第十二条　实验室的设置要根据学校教学、科研任务和学科建设需要，由学院进行规划。规划要考虑环境、设施、仪器设备、人员结构、经费投入等综合因素，要按照立项、论证、实施、验收、考核的项目管理程序操作。

第十三条　学院可根据事业发展规划，整合实验室资源，创造条件建设一批高水平、有特色的实验教学中心或科学研究中心。

第十四条　实验室或中心的名称应根据所承担的教学任务或科研方向或专业名称命名，一般不采用仪器设备名称命名。

第十五条　建设经费来自教育事业经费、科研项目经费和对外有偿服务收入等，还包括改善基本办学条件专项经费等专项拨款。

第五章　日常管理

第十六条　严格遵守国家关于环境保护的法规和制度，严格执行《吉林大学环境保护管理办法》，不随意排放废水、废气、废物，不得污染环境。凡经环境保护部门检查认定为不合格的实验室，要停止使用，经整改并检查合格后，才能重新投入使用。

第十七条　严格遵守国家关于技术安全的法规和制度，严格执行《吉林大学实验室技术安全工作规程》《吉林大学辐射安全管理办法》《吉林大学化学危险品管理办法》。定期开展防火、防爆、防盗、防事故的检查，开展技术安全教育，落实技术安全措施，确实保障人身和财产安全。

第十八条　对于高温、低温、辐射、激光、病菌、毒性、粉尘等对人体可能产生伤害的实验环境，要加强实验室工作环境的监督和劳动保护工作。按照《吉林大学从事有害工作人员营养保健的规定》和《吉林大学劳动保护用品发放标准》的规定，在严格执行考勤制度的基础上做好劳动保护工作。

第十九条　对于实验室的仪器设备和消耗材料、低值易耗品等物资的管理，按照《吉林大学仪器设备管理办法》《吉林大学实验消耗材料管理规定》和《吉林大学低值仪器设备管理规定》严格执行。

第二十条　对于实验室所需要的实验动物，按照科学技术部颁布的《实验动物管理条例》执行，按要求进行饲育、管理、检疫、使用和处置。

第二十一条 实验室要建立相应的开放制度，促进资源共享，更好地发挥实验室使用效益；实验室要根据学生的不同层次和要求，确定开放内容，定期将开放时间、内容和地点等向学生公布。

第二十二条 具有对外出具公证数据资质的实验室，要按照教育部和国家技术监督局的有关规定，定期通过计量认证。对于具备认证条件的实验室，学校鼓励并组织其申请认证。

第二十三条 借鉴国内外相关管理体系，开展实验室标准化建设和科学管理；利用现代化管理手段，对实验室的工作、人员、物资、经费、环境状态等信息进行记录、统计、分析和保存，及时准确地为学校提供实验室情况数据。

第二十四条 学校按照《吉林大学实验室评估方案》的要求和指标体系，对各类实验室按照实验室基本条件、实验室管理水平、实验室效益、实验室特色等方面开展评估工作，评估结果作为考核学院领导班子任期目标的重要依据。

第六章 队伍建设

第二十五条 实验技术队伍建设是学校建设的重要组成部分，是培养创新人才和提高科研水平的重要支撑条件，建设高水平研究型大学必须拥有一支高水平的实验技术队伍。学校将强化在人员选留、技能培训、职称评聘等方面的工作导向，采取有效的政策措施鼓励员工终身从事实验技术工作，在本职工作中建功立业。

第二十六条 实验室要按照《吉林大学实验室管理岗位责任制》的要求明确内部各岗位职责，要定期对实验室工作人员履行职责情况和工作水平进行考核。

第二十七条 实验室主任负责管理实验室的全面工作。实验室主任要有较高的政治思想觉悟，有相应的专业理论修养和科学实验技能，有丰富的实验教学或科研工作经验，有较强的组织管理和协调能力。实验室主任要由相关专业的副教授（高级工程师、高级实验师）及以上职务的人员担任。

第二十八条 实验室人员由从事教学科研工作的教师（研究人员）、实验技术人员（工程技术人员）、管理人员和技术工人组成，在实验室主任的领导下，明确职责、团结协作、钻研业务，完成实验室各项工作。

第二十九条 实验室技术人员的编制数按照《吉林大学实验技术人员编制核定办法》的规定，参照各学院的学生数、教学科研和技术服务的工作量、实验仪器设备状况以及管理工作量，经折算后确定。特殊情况下可申请设流动编。

第三十条　学校开展针对实验室人员的各类专业技能培训，对重要仪器设备的操作和使用，实行岗前培训制度和持证上机制度。

第三十一条　实验室各类人员的聘任和晋升根据实验室工作的特点和本人的工作业绩，按照学校的有关规定执行。

第三十二条　学校定期对实验室人员的工作开展考核和评估。对成绩显著的集体和个人要给予表彰和鼓励，采取措施调动工作积极性。对违章失职或因工作不负责造成损失者，予以批评或处分，直至追究法律责任。

八、教学实验室安全管理办法

教学实验室安全管理遵照《吉林大学实验室安全管理办法》相关规定执行。

第一章　总　则

第一条　学校实验室是开展实验教学和科学研究的主要场所，实验室安全管理是维护实验教学和科学研究工作正常进行的前提和保证。为了加强实验室安全管理工作，保障师生员工人身安全，维护教学、科研等工作的正常进行，根据《中华人民共和国安全生产法》《高等学校实验室工作规程》等法律、法规和学校有关的规定，结合学校的实际情况，制定本办法。

第二条　学校实验室安全管理实行"谁主管、谁负责，谁使用、谁负责"的原则，贯彻"以人为本、安全第一、预防为主、综合治理"的工作方针。

第三条　本办法中的"实验室（包括各种操作、训练室）"是指全校开展实验教学、科学研究、生产试验、技术开发等教学、科研活动的场所。

第四条　本办法中实验室安全管理的内容包括：实验室技术安全管理，治安、消防安全管理，信息、保密安全管理，水、电及房屋基础设施的安全管理。其中实验室技术安全管理主要内容包括：危险化学品、毒麻药品安全管理，生物安全管理，辐射安全管理，实验废弃物安全管理，仪器、设备、器材及其使用安全管理。

第二章　实验室安全管理体系及职责

第五条　校长是学校实验室安全工作的第一责任人；分管校长是实验室安全工作主要负责人，协助校长负责实验室安全管理工作。实验室与设备管理处是学校实验室技术安全的主管部门，负责全校实验室技术安全的管理与服务等工作，并针对全校实验室协助保卫部门进行消防、治安安全管理，协助保密工作办公室进行信息、保密安全管理，协助资产管理与后勤处进行水、电及房屋基础设施的安全管理；其处长是学校实验室安全管理部门第一责任人，分管处长是主要责任人。各学院（中心、所、重点实验室）等单位主要负责人是本单位实验室安全工作第一责任人。

第六条 按照"谁使用、谁负责、谁主管、谁负责"的原则，各学院（中心、所、重点实验室）等单位应逐级落实实验室安全岗位责任制，明确实验室安全管理的岗位职责，确定各级实验室安全岗位责任人。

第七条 根据校、学院（中心、所、重点实验室）、实验室三级管理的要求，逐级签订实验室安全责任书；研究生导师与所带学生签订安全责任书。

第八条 实验室与设备管理处的主要职责是：

（一）宣传、贯彻、落实上级部门的有关文件；

（二）制定、完善学校实验室技术安全规章制度；

（三）指导、督查、协调各相关单位做好实验室安全教育和管理工作；

（四）组织或参与实验室安全检查，并将发现的问题及时通报相关单位，督促安全隐患整改；

（五）负责全校实验废弃物的处置工作；

（六）组织开展实验室技术安全工作的考核。

第九条 作为单位实验室安全工作第一责任人，各学院（中心、所、重点实验室）等单位主要负责人，全面负责本单位的实验室安全管理工作。其主要职责为：组织成立实验室安全管理工作领导小组；建立实验室安全责任体系；确定实验室安全管理工作主管负责人。

单位实验室安全工作主管负责人的主要职责为：

（一）在实验室安全管理工作领导小组的领导下构建管理体系，做好管理体制、机制以及责任制的建设工作，组织各层级间签订安全责任书；

（二）建立、健全实验室安全管理工作规章制度，包括操作规程、应急预案、准入制度、值班制度、教育培训制度、考核制度等；

（三）制定本单位的实验室安全管理工作计划并组织实施，组织、协调、督促实验室做好实验室安全管理工作；

（四）开展实验室安全教育培训工作，组织落实安全准入等制度；

（五）开展实验室安全检查与评估工作，组织落实实验室安全隐患的整改。

第十条 实验室主任是实验室安全责任人，负责实验室的安全管理工作，对学校和所在单位负责。其主要职责为：

（一）组织落实学校和本单位制定的实验室安全规章制度，负责制定本实验室安全管理细则；

（二）定期组织实验室安全检查，做好安全记录，及时发现安全隐患并认真整改；

（三）负责对实验技术人员进行实验室安全教育与管理；

（四）负责组织、协调实验室安全事故的应急处理及事故情况的报告；

（五）确定各实验室的安全员，安全员必须经过相关的安全教育和培训，具备一定的安全知识和处理突发事件的技能。

第十一条　实验技术人员是其负责管理实验室的安全员，安全职责为：

（一）实验技术人员（含课题组研究人员）对实验室主任负责；

（二）熟悉危险物品的性质和仪器设备的性能，严格遵守各项安全管理制度和操作规程，保持设备处于良好状态；

（三）对进入实验室的师生做好安全操作规程的指导和教育工作，严格执行危险物品的领用保管制度；

（四）协助教师做好实验准备，定期做好实验室安全的各项检查，做好检查记录、实验记录等；

（五）如遇突发事故，应采取积极有效的应急措施，以防事故扩大，同时及时上报。

第十二条　在实验室学习、工作的所有人员对实验室安全工作和自身安全负有责任。均须接受学校相关部门、单位和实验室组织的安全教育和考核，考核合格方能进入实验室；必须遵循各项安全管理制度，了解和掌握实验室安全应急方案、应急电话号码、应急设施的位置和用法，严格按照实验操作规程开展实验活动，配合各级安全管理人员做好实验室安全管理工作。

第三章　实验室技术安全管理

第十三条　实验室危险化学品安全管理

（一）实验室使用化学危险物品应当认真贯彻国家《危险化学品安全管理条例》《常用化学危险品贮存通则》（GB15603—1995）等有关规定。

（二）建立健全化学危险物品购置管理制度，建立从请购、领用、使用、回收、销毁的全过程记录。

（三）使用、存放化学危险物品的实验室必须建立化学危险物品使用台账，配备专业的防护装备，规范管理。

（四）剧毒、易制毒、易制爆等危险物品的存储，实行"双人保管、双人收发、双人使用、双人运输、双把锁"的"五双"管理制度。

第十四条 实验室生物安全管理

（一）实验室生物安全主要包括病原微生物安全、实验动物安全、转基因生物安全等方面。

（二）依法依规落实生物安全实验室的建设、管理和备案工作，规范生化类试剂和用品的采购、实验操作、废弃物处理等工作程序。

（三）实验样品必须集中存放，定期统一销毁，严禁随意丢弃。实验动物应落实专人负责管理，实验动物的尸体、器官和组织应规范管理。

（四）细菌、病毒、疫苗等物品应落实专人负责管理，并建立健全审批、领取、储存、发放登记制度。剩余实验材料必须妥善保管、存储、处理，并作好详细记录；对含有病原体的废弃物，须经严格消毒、灭菌等无害化处理后，送有资质的专业单位进行销毁处理。严禁乱扔、乱放、随意倾倒。

第十五条 实验室辐射安全管理

（一）辐射安全管理主要包括放射性同位素（密封型放射源和非密封放射性物质）、射线装置以及辐射工作场所的安全管理。

（二）各涉源单位须严格遵守《放射性同位素与射线装置安全和防护条例》和《吉林省辐射污染防治条例》等相关法律、法规以及《吉林大学辐射安全管理办法》（校发〔2015〕229号），做好相关人员安全使用放射性同位素和射线装置的宣传、教育以及管理工作。

（三）辐射工作场所应当按照国家有关规定设置明显的放射性标志，其入口处应当按照国家有关安全和防护标准的要求，设置安全和防护设施以及必要的防护安全链锁、报警装置或者工作信号。射线装置的使用场所，应具有可靠的安全措施。辐射工作场所改变，工作性质不再用于放射性工作时，须申请退役。

（四）实验室与设备管理处负责辐射安全许可证的办理。校内涉源单位购买、运输、处置放射性同位素和射线装置时，必须向实验室与设备管理处报告，由实验室与设备管理处协助向省、市辐射环境安全管理部门提出申请，经审批同意后方可开展相关工作。

（五）放射工作人员须参加政府环境主管部门举办的辐射安全与防护知识培训，考核合格后持证上岗。实验室人员必须严格遵守放射性同位素和射线装置的操作规程。实验室与设备管理处定期组织相关人员到指定医疗单位进行职业病体检（每两年）、定期进行个人剂量的监测（每季度）。

（六）各涉源单位要编制《突发辐射安全事件应急预案》。

第十六条 实验室废弃物安全管理

（一）实验室应当对实验废弃物实行分类收集和存放，做好无害化处理、包装和标识后，送往各校区实验室废弃物暂存库，由学校委托有资质的单位进行统一清运处置。

（二）实验室对含有病原体的实验废弃物，须事先在实验室内进行消毒、灭菌处理后，方可交由具有资质的单位外运处置。

（三）对于放射性废弃物必须严格按照《放射性废物管理规定》（GB 14500—2002）、《放射性废物安全管理条例》等规定进行安全处置，不得随意丢弃或作为一般废弃物处理。

（四）化学实验废液必须按规定分类收储，及时送到废弃物中转站，废弃危化品必须办理报废手续方可送储，由学校统一处置。

第十七条 实验室仪器、设备、器材的安全管理

（一）实验室应建立实验室仪器、设备、器材管理制度，落实专人负责实验室仪器、设备、器材的维护、保养工作。保证仪器、设备、器材安全运行，并做好相应台账。

（二）实验室必须对具有危险性的设备采取严格的安全防范措施。精密仪器、大功率仪器设备、电气仪器设备必须有安全接地等安全保护措施，对于超期服役的设备且有安全隐患的设备应及时报废，消除安全隐患。

（三）具有危险性的特殊仪器设备，须在专职管理人员同意和现场监管下，方可进行操作。锅炉、压力容器（含气瓶）、压力管道等承压类特种设备和电梯、起重机械、场（厂）内专用机动车辆等机电类特种设备的操作人员，上岗前必须通过有相应培训资质单位的专门培训，经特种设备安全监督管理部门考核合格，取得《特种设备作业人员证》，持证上岗。机械和热加工（含金属铸造、热轧、锻造、焊接、金属热处理、热切割和热喷涂等）设备的操作人员，作业时必须采取安全防护措施，穿戴好工作帽、工作服及安全鞋。

（四）落实高压气瓶的存放、使用管理规定，气瓶使用前应进行安全状况检查，不符合安全技术要求的气瓶严禁入室和使用。易燃气体气瓶与助燃气体气瓶不得混合保存和放置；易燃气体及有毒气体气瓶必须安放在符合贮存条件的环境中，并配备监测报警装置。各种压力气瓶竖直放置时，应采取防止倾倒的措施。对于超过检验期的气瓶应及时请退、送检。

（五）实验室仪器、设备、器材的操作人员应当接受业务和安全培训，了解仪器设备的性能特点、熟练掌握操作方法和操作技能，严格按照操作规程开展实验教学和科研工作。

第十八条　实验室安全设施管理

实验室应根据实验室类别、潜在危险因素等配置消防器材、烟雾报警、监控系统、应急喷淋、洗眼装置、危险气体报警、通风系统（必要时需加装吸收系统）、防护罩、警戒隔离等安全设施，并指定专人负责管理。部分重点实验室和使用危险化学用品的实验室应加装紧急报警装置。安全设施应当定期检查，做好设备更新、维护保养和检修工作，并建立维护与检修档案。

第四章　实验室其他安全管理

第十九条　实验室的水、电安全管理

（一）实验室水、电安全管理要按照《吉林大学水电管理办法》（校发〔2015〕29号）的要求做好相关工作。必须规范用电、用水管理，规范安装用电、用水设施和设备，定期对实验室的电源、水源等进行检查，排查安全隐患，落实整改措施，并做好相关记录。

（二）实验室内须配备漏电保护器；电气设备应配备电功率足够的电气元件和负载电线，不得超负荷用电；电气设备和大型仪器须接地良好，对电线老化等隐患应当定期检查并及时排除。使用高压电源工作时，操作人员须穿绝缘鞋、戴绝缘手套并站在绝缘垫上。严禁用潮湿的手接触电器和用湿布擦电门，擦拭电器设备前应确认电源已全部切断。

（三）实验室固定电源插座未经允许不得拆装、改线，不得乱接、乱拉电线，不得使用闸刀开关、木质配电板和花线等。

（四）实验室严禁使用非实验用电加热器具（包括各种电炉、电取暖器、热得快、电吹风等）。

第二十条　实验室防火安全管理

（一）实验室防火安全管理要按照《吉林大学消防安全管理规定》（校发〔2013〕107号）的要求做好相关工作。要以防为主，杜绝火灾隐患。进入实验室工作的人员要了解各类有关易燃易爆物品知识及消防知识，以及应急灭火疏散规定。

（二）在实验室内、过道等处，须备有适应实验室危险品性质的灭火器和材料，如干粉、二氧化碳灭火器、灭火毯、消防砂等，并定期检查保持性能良好。

第二十一条　实验室信息安全管理

（一）实验室信息、保密安全管理要按照学校信息、保密安全管理部门的要求，结合本实验室教学、科研任务的信息保密要求做好相关工作，严格落实各类保密规定。

（二）定期对涉密人员进行保密教育，严防各类涉密安全事故的发生。

第二十二条　实验室的内务规范安全管理

（一）实验室应当建立卫生值日制度，保持实验室内的整洁，仪器设备布局合理，组织定期或不定期检查和督查，确保良好的实验环境。

（二）实验材料、实验剩余物和废弃物应当规范、及时处置。实验结束或人员离开实验室时，实验室管理或操作人员必须查看仪器设备、水、电、气和门窗关闭等情况，并按规定采取结束或暂离措施。

第五章　实验室安全教育与培训

第二十三条　各学院（中心、所、重点实验室）等单位需深入开展实验室安全教育培训工作，并将其纳入本单位安全教育年度工作计划，建立健全实验室安全教育制度，按照"全员、全程、全面"的教育要求，结合实验特点，组织进行专业性的安全教育活动，开展各种预案演练、急救知识培训与操作等活动，不断提高实验室的管理、教学、科研队伍的安全意识和安全技能。

第二十四条　各学院（中心、所、重点实验室）等单位须严格实行实验人员安全教育准入制度。凡需要进入实验室学习、工作的人员，必须通过吉林大学实验室安全教育考试系统，考核合格后方可进入。

第二十五条　从事特种作业的人员必须接受特种安全技术培训和考核，持证上岗。持证书者，还应按要求的时限进行复审。

第六章　实验室隐患整改与事故处理

第二十六条　实验室与设备管理处不定期进行实验室技术安全检查。各学院（中心、所、重点实验室）等单位每月至少进行一次实验室安全检查并做好记录，检查记录并长期保存，以备上级部门、学校及实验室与设备管理处的核验。

检查的主要内容包括：

（一）实验室安全宣传教育及培训情况；

（二）实验室安全制度及责任制落实情况；

（三）实验室安全工作档案建立健全情况；

（四）实验室安全设施、器材配置及有效情况；

（五）实验室安全隐患和隐患整改情况；

（六）其他需要检查的内容。

第二十七条　各实验室对发现的安全问题和隐患要及时采取措施进行整改。对不能及时消除的安全隐患，须向单位和学校相关管理部门提交书面报告及整改方案，任何单位和个人不得隐瞒不报或拖延上报。

第二十八条　实验室发生事故时，各单位和实验室应立即启动应急预案，及时妥善做好应急处置工作，防止事态扩大和蔓延。发生较大险情时，应立即报警，并及时报告实验室与设备管理处及学校相关职能部门，不得隐瞒不报或拖延上报。

第二十九条　事故发生单位须在事故处理结束一周内写出事故报告（报告内容须包含：事故发生单位概况；事故发生的时间、地点以及事故现场情况；事故发生的原因；事故的简要经过；采取的措施；事故造成的伤害和损失；事故的性质和事故责任；对事故责任者的处理建议；总结事故教训，提出防范和整改措施），报送实验室与设备管理处及学校相关职能部门。实验室与设备管理处将会同学校相关职能部门对事故进行调查及处理。

第三十条　对实验室安全管理工作不到位，出现重特大安全事故的单位，应当追究单位领导和责任人的责任；对因严重失职、渎职而造成重大损失或人员伤亡事故的，应依法追究有关人员的法律责任。

第七章　附　则

第三十一条　各有关单位应根据本办法，结合本单位实际情况另行制定相应的管理制度或实施细则。

第三十二条　本办法未尽事项，按国家有关法律、法规执行。

第三十三条　本办法由实验室与设备管理处负责解释，自发布之日起施行。

九、教学实验室及实验项目安全风险评估管理

教学实验室及实验项目安全风险评估按照《吉林大学实验室及实验项目安全风险评估管理规定（试行）》相关规定执行。

第一条　为进一步加强实验室管理，确保实验场所安宁稳定，实验项目顺利开展，根据国家相关要求，本着"安全第一、防患未然"的原则，决定建立实验室及实验项目安全风险评估制度，并结合学校实际，制定本规定。

第二条　本规定适用于吉林大学相关教学、科研等单位所属或依托的各级各类实验室及实验项目。

第三条　凡新设、撤销或调整功能的实验室，凡新增、取消或调整内容的实验项目均应预先进行安全风险评估。所有在用实验室及实验项目均应根据具体情况定期进行安全风险评估。

第四条　实验室及实验项目安全风险评估内容主要包括，但不局限于如下事项：

1. 实验室（或实验项目）类别、性质及安全风险等级。

2. 所涉危险源种类、特性及可能导致（引发）危险的严重程度。

3. 场所条件、设施设备、技术及管理人员的满足与符合情况。

4. 防护用品配备、防范措施制定、应急预案编制的科学性、合理性及可操作性。

5. 业务与安全培训方案、安全准入与知识确认制度、责任制落实方案等事项准备及落实情况。

第五条　依据实验场所（或实验项目）涉及的危险源特性，从安全角度可将实验室（或实验项目）分为化学类、生物类、辐射类、机电类、特种设备类、其他类等。

（一）涉及化学反应和化学品的实验场所（或实验项目）归属为化学类。主要危险源为毒害性、腐蚀性、易燃易爆、易制毒、易制爆等危险化学品。

（二）涉及微生物和实验动物的实验场所（或实验项目）归属为生物类。主要危险源为微生物（传染病病原体类等）、动物等危害个体或群体安全的生物因子。

（三）涉及放射源、射线装置等的实验场所（或实验项目）归属为辐射类。主要危险源为放射性物质。

（四）涉及机械、电气、高温高压等设备及仪器仪表等的实验场所（或实验项目）归属为机电类。主要危险源为机械加工类高速设备、高压及大电流设备、激光设

备、加热设备等。

（五）涉及起重机械、锅炉、压力容器（含气瓶）的实验场所（或实验项目）归属为特种设备类。主要危险源是该类设备自身，起重机械可能造成重物坠落、起重机失稳倾斜、挤压、高处跌落等危害；锅炉可能因超温、超压等导致材料失效发生爆炸或泄露造成机械损伤、烫伤等危害；压力容器可能因遇热超压、机械损伤、减压阀不合格等造成爆炸或气体外泄等危害。

（六）不涉及上述危险源的实验场所（或实验项目）均归属为其他类。主要危险源为用电用水等设施设备引发的用电用水安全风险。

第六条 依据实验室（或实验项目）使用或存放危险源的危险程度，将实验室（或实验项目）安全风险级别划分为一般危险等级（一级）、中危险等级（二级）、高危险等级（三级）等三个等级。

（一）涉及使用较大剂量易燃易爆、剧毒、易制毒、易制爆等危险化学品，麻醉品和精神药品，高致病性病原生物，危险实验动物，放射源（装置）以及危险性较大的设施、设备等危险源的实验室（或实验项目），安全风险等级为高危险等级（三级）。

（二）涉及使用较小剂量危险化学品、低致病性病原生物、实验动物、压力容器、激光设备、强磁设备、冷热设备（冰箱、烘箱、马弗炉等）、机电设备等危险源的实验室（或实验项目），安全风险等级为中危险等级（二级）。

（三）未列入上述安全风险等级的实验室（或实验项目），安全风险等级为一般危险等级（一级）。

第七条 针对不同安全风险等级，实验室及实验项目安全风险评估应履行不同的程序和手续。

（一）一般危险等级（一级）的功能实验室（或实验分室、或实验项目），由其所属建制实验室组织专家进行安全风险评估，向所属教学科研等单位提交评估报告，履行备案程序。

（二）中危险等级（二级）的实验室（或实验项目）及一般危险等级（一级）的建制实验室，由实验室所属或依托的教学科研等单位组织专家进行安全风险评估，向学校业务及实验室管理部门提交评估报告，履行备案程序。

（三）高危险等级（三级）的实验室（或实验项目），由实验室所属或依托的教学科研等单位组织专家进行安全风险评估，向学校业务及实验室管理部门提交评估报告，履行审核程序。必要时由学校业务及实验室管理部门复评，并报校长办公会议审议。

第八条 各相关教学科研等单位可依据国家与地方法律法规、行业标准及学校相关规定，参考教育部实验室安全检查项目指导表内容，结合自身学科特点制定本单位实验室与实验项目风险评估标准。

第九条 基于实验室（实验项目）安全风险分类及等级，针对相应场所设施建设、人员配备、防范与应急措施制定、安全制度与责任制落实准备等情况，依据相应的评价标准，评估结果可为通过（O）、自行整改通过（A）、整改复核（B）、不通过（C）。

第十条 实验室及实验项目安全风险评估结果的不同，将直接影响实验室的设置、撤销及功能调整，实验项目的新增、取消及内容调整等工作。

（一）评估结果为通过（O）的实验室及实验项目，相应工作可正常进行。

（二）评估结果为自行整改通过（A）的实验室及实验项目，在自行整改后，相应工作方可进行。

（三）评估结果为整改复核（B）的实验室及实验项目，暂停使用或暂停相应工作，经整改复核后，方可恢复。

（四）评估结果为不通过（C）的实验室及实验项目，停止使用或终止相应工作。

第十一条 各相关教学科研等单位要认真做好本单位实验室及实验项目安全风险评估相关工作，不碍情面、不走过场，切实把控好安全风险源头，切实保障好师生人身与财产安全，切实维护好学校安宁稳定的办学环境。

第十二条 学校将结合实验室评价评估及各类实验室检查，定期梳理核实各相关教学科研等单位实验室及实验项目安全风险评估工作，对不评、漏评或不及时报送安全风险评估相关材料的，将下达工作建议书、或约谈相关人员及主要负责人、或给予校内通报，并减少对其资源调配及经费支持。情节恶劣并造成严重后果的，依据国家及学校相关规定给予处罚，并追究有关人员责任。

第十三条 本规定未尽事宜，依据学校相关管理规定，乃至国家相关法律法规及标准规范办理。

第十四条 本规定由实验室与设备管理处负责解释，自发布之日起实施。

十、教学实验废弃物管理规范

教学实验废弃物管理规范按照《吉林大学实验废弃物管理规范》相关规定执行。

根据《吉林大学实验室安全管理办法》（校发〔2016〕170号）和吉林省固体废物管理中心的具体要求，就学校实验废弃物管理工作规范要求如下：

（一）对实验废弃物，实验室要实行分类收集和存放，做好无害化处理、包装和标识后，送往实验室废弃物中转库（柜），由学校委托有资质的单位进行统一清运处置。

（二）对含有病原体的实验废弃物，实验室须事先在实验室内进行消毒、灭菌处理后，进行包装、粘贴标识后予以送贮，并建立台账。

（三）对于放射性废弃物，实验室必须按照《放射性废物管理规定》（GB 14500—2002）、《放射性废物安全管理条例》等规定进行安全处置，不得随意丢弃或作为一般废弃物处理。

（四）对过期废弃的危险化学品等，由学院统一递交处置报告（附明细），由学校统一处置。处置前做好保管工作，严禁擅自转送至废弃物中转柜储存。

（五）对产生的化学实验废弃物，实验室要做到：

1. 建立化学实验废弃物台账；

2. 分类存储，按要求填写《吉林大学危险废物标签》并粘贴到包装瓶（箱）后，送至指定的中转库（柜），规范摆放；

3. 不同种类的化学实验废弃物严禁混装；

4. 化学实验废弃物严禁随意丢弃、或放置到库（柜）外。

（六）各相关单位要加强宣教与监管工作，加强责任落实，加强废弃物从产生、储存、送贮各环节的管理工作。

（七）对违反规定造成安全事故的当事人，要追究相应的民事或刑事责任。

十一、教学实验室安全卫生管理

教学实验室安全卫生管理按照《吉林大学实验室安全与卫生管理制度》相关规定执行。

实验室是进行教学、科研工作的重要场所，实验室的安全与环境卫生是确保教学、科研工作顺利进行的重要保障，实验室的安全工作坚持"预防为主，责任到人"原则，建立健全实验室安全管理规章制度。

（一）实验室主任全面负责实验室安全和卫生管理工作，各实验室（包括仪器室、工作室和办公室等）均应指定专人负责安全和卫生工作，并注明负责人名及联系电话。必须加强四防（防火、防水、防盗、防事故）工作，经常做好下列事项：

1. 离开实验室前检查本部门使用、贮存的细菌、剧毒、易燃易爆气体和药品、放射性物品等是否严格按照相关制度保存。检查、督促关锁门窗，关闭水、电开关、切断电源。清除室内外的木屑、废纸等易燃物品。

2. 在实验室指定位置备有消防安全器材，定期检查，发现问题及时更换。

3. 提出和改进安全措施，保持安全卫生的实验环境。

（二）大型、贵重、稀缺的精密仪器应建立以技术岗位责任制为核心的管理制度，由专人负责保管。未经主管部门批准，不准擅自操作，不能随便拆卸。安装调试均应由专人负责，以免影响精密度或损坏。

（三）实验室钥匙应由实验室主任负责，钥匙的配、发要报院办公室备案，不得私自配制钥匙或给他人使用。

（四）严禁在实验室吸烟、饮食。不准带与工作无关的外来人员进入实验室、仓库及办公室。经批准的校外单位人员来我校实验室加工、协作、调试实验的，必须由本实验室人员或经办人员陪同，不得由外单位人员自行出入。要经常对本室工作人员和来参加实验的学生、外来人员进行安全及各项规章制度的教育。非实验技术人员在实验室劳动，必须要有实验室工作人员在场进行指导。

（五）非工作需要严禁在实验室内使用电炉等电热器和空调，使用电炉和空调等电器时，使用完毕必须切断电源。

（六）加强用电安全管理，不准超负荷用电，对电线老化、电源插座接触不良等隐患要定期检查，及时排除。

（七）增强环保意识，凡属有害气体、污物排放的实验室必须按要求和规程安装通风、排风设施，设置污物收集处理装置或系统。须配备劳保用品的必须按规定配备，以保证实验人员的安全和健康。

（八）实验室必须根据实际情况，配备一定的消防器材和防盗装置。

（七）实验室应保持清洁整齐，仪器设备布局合理，建立清扫制度，严禁在实验室堆放个人物品及其他杂物。

（十）对违章操作、玩忽职守而造成的财产损失和人身伤亡等重大事故，不得隐瞒不报和缩小损失程度，学校将根据事故性质和当事人的认识态度，追究其责任。

（十一）如有盗窃发生，不得隐瞒，应保护好现场同时尽快报告保卫部门及主管部门及时进行处理。

（十二）各实验室应根据本制度要求，订出具体的切实可行的安全制度，存放和使用易燃品，易爆品，带有细菌、火种、腐蚀性的物品及放射性同位素，应严格按照安全操作规定，制定实施细则。各院（中心、所、重点实验室）应定期检查、督促，制订奖罚措施。

（十三）新建、改建的实验室工程，或新技术、新材料、新工艺启用前，必须经过全面检查达到标准后，方可使用。

第四部分
课外实践教学活动管理

一、开放性创新实验管理办法

本科生开放性创新实验管理办法遵照《吉林大学开放性创新实验管理办法（试行）》执行。

开放性创新实验是以问题为基础的研究性实验，面向本科生开放。实施开放性创新实验项目（以下简称实验项目）教学，旨在推进以问题为核心的课外探究性实践性学习，激发学生学习兴趣及研究问题的主动性。为了规范开放性创新实验教学环节管理，保证实验项目实施效果，特制定本办法。

（一）实验项目内涵

1. 实验项目，是项目教学组提出的具有研究性、实践性的课题，学生在教师辅助下，自主设计实验方案、技术路线，自主进行实验、分析实验结果，最终解决问题，并独立撰写实验报告。

2. 开放性创新实验，定位于我校实践教学体系中的综合训练层次。教学目的为承接课程实验，培养学生分析问题、解决问题能力，培养团队合作意识和创新意识，进而启发大学生创新创业训练项目研究。

（二）实验项目管理

1. 开放性创新实验教学工作，由教务处、实验室与设备管理处共同组织管理。各教学单位相关工作，在分管实验教学工作的副院长（主任）领导下，由本科教学工作办公室负责管理。

2. 所有实验项目须经学院推荐，报学校评审组评审。确立的实验项目面向全校本科生滚动开放。

3. 实验项目一经确立不再变更。如经过教学实践后项目教学组认为内容需要提升、改造，则需学院重新推荐，报学校评审组评审。

4. 学校每学期组织一次实验项目立项评审工作。

（三）实验项目选题

1. 实验项目选题，要尽量结合科研、生产、社会实践，思路新颖、目标明确、具有创新性和探索性。

2. 实验项目的难度，应高于课程设置的研究性实验，承接课内实验，启发学生发现问题与研究问题。

3. 实验项目的工作量，以学生一学期内能够完成为宜。课题的工作场所为市内及校内实验室。

（四）教学组织与成绩评定

1. 学校每学期开学初进行"开放性创新实验项目选项"工作。选项程序经过学生预选、教师确认、正式选做三个步骤。预选阶段，学生根据实验项目介绍及教师介绍，选择自己感兴趣的项目；教师确认阶段，指导教师了解学生实验基础与专业背景，确认学生选做资格；最后，学生正式确认选做实验项目。

2. 选项结果确认后，学生即可进行项目实验阶段，实验项目负责人负责项目的教学运行工作。

3. 选做实验项目，学生应严格完成项目要求内容，在选做学期内撰写规范严谨的实验报告。

4. 指导教师对学生实验过程给予指导、督促，批改小组实验报告，并在学期末完成实验成绩评定工作。实验成绩按优秀（A）、良好（B）、中等（C）、及格（D）、不及格（F）五级分制记载。

5. 学生完成实验项目，取得及格以上成绩，每个实验记1学分，学分计算至"课外培养计划"环节。

6. 在项目设定"每组人数"前提下，实验评分以实验小组为单位给分，每人取得相同成绩与学分。

（五）教学条件保障

1. 承担实验项目的教学单位，应开放相关实验室及实验仪器设备，完善开放管理制度，要求学生规范操作实验，确保实验项目的顺利开展，实验结果准确可靠。

2. 学校根据各单位实验项目开展情况、学生选做情况以及实验项目需求，给予一定的实验耗材经费补贴。学校鼓励学院充分调动教学资源、科研条件等，支持开展实验项目。

3. 对实验项目指导教师，学校按每组10个标准学时计算教学工作量。

（六）其他

本办法自发布之日起实施。

二、大学生创新创业训练计划管理

大学生创新创业训练计划管理遵照《吉林大学大学生创新创业训练计划管理办法》和《吉林大学本科课外培养计划实施细则》执行。

第一章　总　则

第一条　为贯彻落实《国务院办公厅关于深化高等学校创新创业教育改革的实施意见》（国办发〔2015〕36号）精神、《国务院办公厅关于进一步支持大学生创新创业的指导意见》（国办发〔2021〕35号）精神，结合《国家级大学生创新创业训练计划管理办法》（教高函〔2019〕13号），进一步深化我校创新创业教育改革，加快实现以创新引领创业、以创业带动就业，增强"大学生创新创业训练计划"的实施成效，增强学生的创新精神、创业意识和创新创业能力，特制定本办法。

第二条　实施"大学生创新创业训练计划"，是国家"本科教学工程"的重要组成部分，旨在完善以问题为核心的教学模式，深化以大学生为主体的创新性实验改革，构建大学生创业训练教育体系，培养大学生的创新创业意识和实践能力。

第三条　实施原则：兴趣驱动、自主实践、注重过程、团队合作、求实创新、培养能力。

第二章　管理职责

第四条　学校成立吉林大学大学生创新创业训练计划领导小组（以下简称"领导小组"），主管教学副校长任组长，教务处、创新创业教育学院、科研院、社会科学处、实验室管理处、财务处、学生工作部（处）、校团委、学生就业创业指导与服务中心单位的主要负责人任组员。领导小组负责大学生创新创业训练计划的宏观管理，包括制定政策、协调资源、组织评审、监督实施过程、管理经费、验收成果、实施奖励等工作。

领导小组办公室设在创新创业教育学院。创新创业教育学院负责大学生创新创业训练计划的日常工作。

第五条 学院成立吉林大学大学生创新创业训练计划工作组（以下简称"工作组"），组长由主管教学工作的副院长担任，副组长由主管学生工作的副书记担任，小组成员由学院教学、科研、实验室、学生工作的领导和部分工作人员担任。

工作组负责制定本单位大学生创新创业训练计划实施细则等相关文件，负责本学院计划项目的具体实施与管理，包括组织项目申报、管理项目实施、提供实验条件、验收项目结果、管理经费、项目安全管理等工作。

第三章　项目的立项

第六条 学校大学生创新创业训练计划项目每年进行一次立项工作。计划项目分为国家级、省级和校级三级资助项目。

第七条 大学生创新创业训练计划原则上面向全校全日制在校二、三年级本科生。参与学生应能够按培养方案规定完成学习任务，对创新创业有浓厚兴趣，敢于探索与实践，具有一定的创新意识与创新精神，具备良好的学术道德和社会公德。

申请者须组成团队合作申请项目，原则上每组3—4人为宜，最多不超过5人。鼓励跨院系、跨学科的合作。每名学生同时只能参与一个项目，在研项目未结题时不能申报新的项目。跨学院组队项目由项目负责人所在学院受理立项申请。

指导教师原则上应具有副高级（含）以上职称，熟悉该项目涉及的研究领域。创业实践项目实行"双导师制"。如聘请其他高校、科研单位或企业的专家担任指导教师，也应有校内的导师负责日常管理、协助指导工作。

第八条 学校于每年3月开始组织项目申报工作，3月至5月上旬学生准备选题、项目论证与填写申报书，5月中旬学院组织初评，5月底学校组织立项评审。

第九条 大学生创新创业训练计划内容包括创新训练项目、创业训练项目和创业实践项目三类。

（一）创新训练项目。创新训练项目是本科生团队，在导师指导下，自主完成创新性研究项目设计、研究条件准备和项目实施、研究报告撰写、成果（学术）交流等工作。

（二）创业训练项目。创业训练项目是本科生团队，在导师指导下，团队中每个学生在项目实施过程中扮演一个或多个具体的角色，编制商业计划书、开展可行性研究、模拟企业运行、参加企业实践、撰写创业报告等。

（三）创业实践项目。创业实践项目是学生团队，在学校导师和企业导师共同指导下，采用前期创新训练项目或学科竞赛等成果，提出一项具有市场前景的创新性产品或者服务，以此为基础开展创业实践活动。

第十条　学生可根据所学专业、兴趣爱好或在教师的指导下自主进行选题。选题要求思路清晰、目标明确、具有创新性和探索性。项目内容难易适度，可行性强。创新训练项目内容包括自主性学习、实验方法的设计、组织设备与材料、实施实验、数据分析处理、撰写总结报告、成员分工等；创业训练与创业实践项目内容包括自主性学习、商业计划书编制、项目可行性研究、模拟企业运行方案、计划参加的企业实践、撰写创业报告（计划）、成员分工等。

第十一条　大学生创新创业训练计划项目原则上要求项目负责人在毕业前完成项目，即完成时间一般为1至2年。创业实践项目负责人毕业后可根据情况更换负责人，或是在能继续履行项目负责人职责的情况下，以大学生自主创业者的身份继续担任项目负责人。创业实践项目结束时，要按照有关法律法规和政策妥善处理各项事务。

第十二条　项目评选要经过学院初评、学校评审与学校领导小组审批等过程。学院工作组组织专家以答辩方式进行立项评审，并向学校有序推荐申报项目。

学校根据学科特点组成校级专家组进行复评，提出拟立项名单，领导小组对拟立项名单审批后正式立项。

第十三条　创新训练与创业训练项目评审，主要依据以下标准：

（一）项目成员具备一定的相关专业基础和基本业务素质，具有初步的综合研究能力，鼓励跨学科、跨年级组建团队；

（二）项目选题具有一定的先进性和实际意义，研究目的明确、原理可靠、方法科学，具备研究的可行性；

（三）项目应在研究对象、应用理论、采用方法或实现路径等某一或某几方面具有创新性；

（四）项目团队成员及指导教师对课题领域的研究具有一定工作基础，研究的技术路线清晰、阶段划分合理、阶段性任务及成果明确；

（五）项目的难易程度适合团队能力，所需研究及实验条件能够得到基本满足；

（六）项目经费预算合理、有明确的经费使用计划，设备、材料等管理责任明确；

（七）项目负责人组织能力较强，团队成员分工合理，指导教师具备专业能力并能指导到位，项目经努力能够按时完成。

第十四条 创业实践项目评审，主要依据以下标准：

（一）项目成员具有旺盛的创业热情，具备基本专业知识和良好的心理素质，沟通实践能力较强，团队具有基本的专业与特长组合。

（二）项目选题建立在充分的市场分析基础上，具有一定技术或专业依托，鼓励从我校教师的科研成果，特别是我校大学生的创新训练项目中进行选择。

（三）技术型项目应具有一定的高新技术含量和市场开发价值，应具备技术的合理性和经济的可行性，并能产生良好的经济与社会效益。

（四）应建立清晰的公司化运作方式，明晰利益关系，建立基本的组织架构与制度框架，明确团队成员的角色分工。

（五）要编写规范的商业计划书，有基本的商业模式设计，有较详细的公司运营计划，有明确经营目标，基本运作条件和资金的需求应在现实可实现的范围内。

（六）应遵守国家的法律法规，诚信经营。要有风险意识，明晰项目风险，建立规避机制。如项目失败，应能进行合理清算，尽量减少损失。

（七）项目负责人能发挥核心作用，团队成员各尽其职关系融洽，指导教师具备专业水平或管理经验，并能指导到位。

（八）项目组聘请企业指导教师，签署指导协议。

第四章　项目运行与管理

第十五条 大学生创新创业训练计划项目，由学校领导小组进行宏观管理，项目所在学院工作组负责具体实施。每批项目公布后，参与学生即可在教师的指导下自主开展研究工作。项目组成员应严格按照项目实施计划开展工作。全体成员应保证时间和精力的投入，自主设计和组织实施，独立进行实验，独立撰写总结报告，同时应做好训练过程记录。项目组成员不得抄袭、拷贝、移植他人成果，引用参考资料须在报告中注明出处。

第十六条 每个项目配备1至2名指导教师，每个指导教师同时指导的项目不超过2个。

指导教师要根据项目的实施计划及时给予指导，保证指导时间和指导质量。在项目实施中，指导教师应在学术思想、研究技术手段与研究方法、研究工作成果分析总结方面给予指导，引导学生自主学习、自主完成研究计划；应注重学生创新思想的激发，培养团队的协作精神；应严格要求学生，注重学生综合素质的培养，包括发展学生对科学研究的兴趣、培养实事求是的科学精神及坚忍不拔的态度。指导教师不得代替学生完成项目内容，也不得将自己的成果转嫁给学生，更不得委托研究生指导项目。

第十七条　学校及学院对所有项目的进展情况进行定期检查及随机抽查。定期检查安排在每年4月和10月。项目组要向学院提交进展报告。学院"工作组"组织专家检查本院所有执行项目，并对检查中发现的问题及时采取措施予以改进。每年10月，项目组要向学校提交中期检查报告，中期检查报告将作为项目结题的重要依据。

第十八条　项目在运行过程中可以申请变更相关事宜，经学院审批、报学校"领导小组"备案后生效。可变更情形如下：

（一）项目名称及实验内容变更。在立项后第一次学期检查时经学院专家组评审同意，可以进行项目名称、研究范围、实验方法等方面的微调，但项目的主要内容不得变更，实验工作量不得减小。

（二）项目组成员变更。项目组成员变更仅限人员替换，变更人数限参加人数的1/2以内，且项目负责人不得变更。创新训练、创业训练项目人员变更事宜，限定在项目执行期间的前1/2时段内进行。

创业实践项目负责人变更，由原负责人提出变更申请，经学院"工作组"审查，报学校"领导小组"审批。负责人变更以后，应按照有关法律法规和政策妥善处理涉及事务。

（三）指导教师变更。如遇特殊原因不能继续指导，学院可安排变更指导老师。

第十九条　项目结题实行申请制。创新训练、创业训练项目逾期一年不结题即按终止处理；创业实践项目逾期两年不结题即按终止处理。

第二十条　项目结题验收工作，由学院和学校在每年的5月、9月共同完成。其中创新训练项目结题由学院按照本院结题标准独立完成，结题项目名单报教务处备案，作为核算教师工作量及颁发证书依据；创业训练项目、创业实践项目须通过全校性评审程序。创新创业训练项目结题严格执行升降级制度，申请结题的项目经学院组织评审，将评审结果在学院内公示5天，评审结果无异议后，由学院将结果上报至学校，经学校评审后将最终评审结果进行公示。

第二十一条　项目按计划完成后，项目组向学院工作组提交结题申请、结题报告，附加发表文章、专利、产品或作品实物原件、成果应用情况、经费支出情况、项目实施记录本等资料。跨学院的项目，向项目负责人所在学院申请结题。

第二十二条 创新训练项目，应完成立项申请书设计的全部工作内容，项目支撑材料充分翔实，项目成果达到预期指标，完成规范翔实的实验研究报告，鼓励项目成果申报专利或有偿转让，鼓励在学术刊物或会议上公开发表。

创业训练项目，应完成申报书设计的全部工作内容，项目支撑材料充分翔实，项目成果达到预期指标，完成规范翔实的项目结题报告，完成一份规范的商业计划书。

创业实践项目，团队应遵守国家法律法规，诚信经营。项目支撑材料充分翔实，项目运作达到预期指标，鼓励项目做大做强，并以多种方式引入技术、资金、生产和市场等合作者。

发表文章，须注明"吉林大学创新创业训练计划资助项目"，并注明"项目名称""项目编号"，署名次序在除指导教师外的第一作者，研究内容与项目相关的文章可认定有效；其他知识产权的署名，项目组成员须列为除指导教师外的第一完成人可认定有效。

第二十三条 结题项目成果受益人为吉林大学。

第二十四条 学院应做好项目的档案资料及工作总结材料管理工作。

第五章 条件保障

第二十五条 大学生创新创业训练计划项目经费来源于教育部专项经费和学校划拨的专项经费。教育部专项经费用于国家级项目，学校划拨的专项经费用于配套支持国家级项目和资助校级项目；院级资助项目由学院筹专款资助。项目经费实行专项管理，由学院工作组组长负责。

第二十六条 经费使用应符合以下要求：

（一）专项经费专款专用，任何单位或个人不得截留、挪用、变更用途。

（二）学校财务部门按年度分批次划拨经费，学院工作组进行具体管理。

（三）经费列支范围包括：图书资料费、网络费、实验材料费、实验费、简单仪器费、设计费、复印费、论文版面费、调研耗材费等，不得支付工程、基建类支出，原则上不支付差旅费。

（四）经费的使用由学院"工作组"组长（项目负责人）负责。学院"工作组"要做出经费使用说明。

第二十七条 对于延期的项目，学校不予追加经费；对于终止的项目，学校将不再下拨剩余经费。

第二十八条　学校为大学生创新创业训练计划项目无偿提供必要的实验条件。学生需要跨学院进行实验，或进入科研、重点实验室使用设备、设施，或需要场地、技术、政策，可向教务处申请协调，确保项目顺利完成。

<h3 align="center">第六章　监督与奖惩</h3>

第二十九条　学校为结题的大学生创新创业训练项目的指导教师一次性计算教学工作量。国家级项目计100个标准学时，省级项目计50个标准学时，校级项目计30个标准学时。创业实践项目，由导师所在学院分别计算全额工作量。

第三十条　学校建立公开监督机制，跟踪各类项目实施管理，特别是创业实践项目，及时检查项目运行情况，督促项目实施，防范潜在风险。

第三十一条　学院及指导教师在创新创业训练专项经费使用过程中，如违反管理要求，截留、挪用学生项目经费，学院"工作组"组长（项目负责人）将受到相应处理；学院减少以后立项指标。

第三十二条　指导教师在指导项目的过程中，需严格遵守学校相关规定。学生在项目研究过程中，如有抄袭、剽窃他人研究成果、违反项目经费使用规定、恶意套取项目费等行为，按舞弊论处，给予相应的纪律处分，终止项目。

<h3 align="center">第七章　附　则</h3>

第三十三条　本办法由吉林大学大学生创新创业训练计划领导小组负责解释。

三、学科竞赛管理

本科生学科竞赛遵照《吉林大学本科学生学科竞赛管理办法（修订）》执行。

<h3 align="center">第一章　总　则</h3>

第一条　为全面提升学生的综合素质，促进吉林大学本科学生学科竞赛管理工作的科学化、规范化与系统化，支撑学生学科竞赛全面深入开展，保障学生学科竞赛管理和支持体系的顺畅运行，结合学校实际，制定本办法。

第二条　开展学生学科竞赛，旨在营造校园学术氛围，培育学生创新思维，激发学生创新活力，让学生在动手实践中提高解决实际问题的能力，养成团队合作精神与竞争意识，造就知识、能力、素质协调发展的创新创业型人才。

第三条　本办法所称竞赛是指吉林大学本科学生参加的实践类竞赛，分为国家级

（或国际性、地区性）竞赛、省（部）级竞赛和校级竞赛。

国家级竞赛是指国家政府部门或专业教学指导委员会等全国性学术团体、行业学会（协会）组织的学科竞赛；国际性、地区性学科竞赛（含分区赛），是指联合国教科文组织或其他国际学术团体，或某国家、某地区学术团体面向全球组织的学科竞赛，视同国家级学科竞赛。

省级竞赛是指省政府有关部门或省级学术团体等机构组织的全省或跨省区的学科竞赛，以及全国性学科竞赛的赛区竞赛。

校级竞赛是指由学校组织、学科覆盖两个及以上学院的学科竞赛。

学校按A、B、C三类构建学科竞赛体系（表4-1），根据竞赛开展情况实施定期动态调整，新申请纳入学科竞赛体系的竞赛项目，须经学校教务处提请校教学委员会讨论确认。

第二章　组织与管理

第四条　吉林大学本科学生学科竞赛的组织和管理工作分别由教务处、校团委负责。"'互联网+'创新创业大赛"及"挑战杯系列"竞赛由校团委负责组织，其余学科竞赛由教务处、创新创业教育学院负责组织。

第五条　职责分工：

（一）教务处、创新创业教育学院、校团委负责各级学生学科竞赛的组织与协调工作，承办省级及以上竞赛，负责落实经费、实施奖励、总结交流等；主办校级竞赛工作，制定校级竞赛章程及组织实施；成立竞赛研究团队进行专门教学研究，推进教学改革。

（二）承办校级竞赛的教学单位，教学副院长、学院分管本科学生工作党委副书记负责落实竞赛实施工作。提供必要的场地及仪器设备，协助学校聘请专家评委，做好竞赛命题、过程评审及颁奖工作等，建立竞赛档案。

（三）参赛学生所在教学单位，宣传竞赛章程及实施方案，积极组织学生参赛；选派高水平教师进行赛前辅导，提供赛期后勤保障等工作。

第六条　依据竞赛级别、成果表现形式，学校与各教学单位提供实验条件与经费支持。A类、B类竞赛负责人每年1月份上报当年年度竞赛项目预算，学校将根据年度预算情况酌情调整预算分配；学校原则上仅支持A类、B类的省级竞赛（分区赛）与全国决赛的差旅费（参赛学生高铁二等座及以下交通费、住宿费，不予核算补助；依据竞赛要求选派的指导教师按教师差旅核算）、运输费及竞赛材料费等；如竞赛最高级别为省级赛，且竞赛包含作品测评、实验数据与报告、答辩等多环节，学校支持竞赛耗材与省内差旅等经费。

第七条　参赛者原则上应为在校全日制本科生。学校鼓励跨学院、跨专业组成参赛队。学生可以自愿报名参加校级各学科竞赛，校级竞赛优胜者有资格报名参加省级及以上级别竞赛。竞赛级别序列连续的竞赛项目，需经层层选拔，参加上一级竞赛，如竞赛级别序列不连续，学校可根据情况选择优秀学生参加上一级竞赛。

第八条　学生学科竞赛指导教师应为具有较高教学、科研水平和一定竞赛指导工作经验的专业教师或实验（工程）技术人员。教师指导本专业所属学科竞赛，单项竞赛不得超过3支参赛队，教师指导非本专业所属学科竞赛，单项竞赛不得超过2支参赛队，且同一名指导教师在一年内最多指导两项赛事。

第九条　凡是由学校资助经费产出的竞赛作品，知识产权归学校所有。竞赛作品由竞赛承办单位或学生所在单位负责存档。

第三章　竞赛奖惩

第十条　竞赛所获荣誉归属参赛学生、指导教师、责任学院和学校共有。学校将根据竞赛级别、获奖等级，对参赛学生、指导教师予以奖励。一次参赛多次评奖的竞赛项目，或同一竞赛项目（参赛者）在不同级别竞赛中获奖，指导教师及参赛学生均按最高获奖等级进行一次性奖励。

第十一条　指导学生参加省级及以上竞赛，学校为指导教师（组）核算相应的教学工作量。以团队形式参赛的赛事，以队为单位核算工作量。省级竞赛二等奖及以上参赛队每队40个标准学时，A类竞赛每队120个标准学时；B类竞赛每队80个标准学时；C类竞赛每队50个标准学时；学生单人参加的赛事，指导教师工作量按团队参赛的50%核算。

第十二条　指导教师（组）指导学生团队获奖，参照《吉林大学教师业绩奖励津贴分配工作实施方案》，仅对A类、B类竞赛指导教师获奖予以奖励。奖励标准如下：

对A类学生学科竞赛国家级特等奖获奖者指导教师（组）奖励30绩点/项；对A类学生学科竞赛国家级一等奖获奖者指导教师（组）奖励20绩点/项；对A类学生学科竞赛国家级二等奖获奖者指导教师（组）奖励10绩点/项；对A类学生学科竞赛国家级三等奖获奖者指导教师（组）奖励6绩点/项。

对B类学生学科竞赛国家级特等奖获奖者指导教师（组）奖励18绩点/项；对B类学生学科竞赛国家级一等奖获奖者指导教师（组）奖励12绩点/项；对B类学生学科竞赛国

家级二等奖获奖者指导教师（组）奖励6绩点/项。

第十三条 指导教师（组）指导学生个人获奖，按指导教师指导学生组队参赛同一获奖等级奖励酬金的60%核算。

第十四条 学校对获奖学生（团队）颁发"创新实践成果奖学金"，奖学金由团队成员平均分配。奖励标准按照《吉林大学本科学生创新实践成果奖励办法》执行。

第十五条 参与指导学科竞赛获奖的教师（组）可获得教学业绩认定，应用于当年年度考核、职称晋升、评奖评优等环节。竞赛获奖学生及其创新成果，应用于评奖评优、课外培养计划学分认定等环节。

各教学单位在业绩认定过程中应制定本单位《获奖成果应用实施细则》，经学院教学委员会审议、党政联席会讨论通过后实施，报教务处备案。

第十六条 学生参加各类竞赛，须遵守相关章程、严守学术诚信。学校依照吉林大学考风考纪等相关规定，对在竞赛中存在违反学术道德等行为的相关学生给予相应处分；按照吉林大学教学事故认定处罚相关规定，对存在违反学术道德等行为的指导教师及相关责任人，给予处分；对涉嫌犯罪的，移交司法机关依法处理。

第四章 附 则

第十七条 本办法由教务处、创新创业教育学院负责解释。

第十八条 本办法自发布之日起施行。

表4-1 吉林大学本科学生学科竞赛体系

序号	竞赛项目名称	评定等级
1	中国"互联网+"大学生创新创业大赛	A
2	"挑战杯"全国大学生课外学术科技作品竞赛	A
3	"挑战杯"中国大学生创业计划大赛	A
4	中国大学生电动方程式汽车大赛	A
5	中国大学生方程式汽车大赛	A
6	国际基因工程机器大赛（iGEM）	A
7	国际生物分子与设计大赛（BIOMOD）	A
8	中国大学生医学技术技能大赛	A
9	中国大学生工程实践与创新能力大赛（全国大学生工程训练综合能力竞赛）	A
10	ACM-ICPC国际大学生程序设计竞赛	B
11	全国大学生数学建模竞赛	B

序号	竞赛项目名称	评定等级
12	全国大学生电子设计竞赛	B
13	全国大学生化学实验邀请赛	B
14	全国大学生机械创新设计大赛	B
15	全国大学生结构设计竞赛	B
16	全国大学生广告艺术大赛	B
17	全国大学生智能汽车竞赛	B
18	全国大学生交通科技大赛	B
19	全国大学生电子商务"创新、创意及创业"挑战赛	B
20	全国大学生节能减排社会实践与科技竞赛	B
21	全国大学生物流设计大赛	B
22	"外研社杯"Uchallenge全国英语演讲大赛	B
23	全国大学生机器人大赛RoboMaster机甲大师赛	B
24	"西门子杯"中国智能制造挑战赛	B
25	全国大学生化工设计竞赛	B
26	全国大学生先进成图技术与产品信息建模创新大赛	B
27	全国三维数字化创新设计大赛（大学生组）	B
28	中国大学生计算机设计大赛	B
29	全国大学生市场调查与分析大赛	B
30	中国大学生服务外包创新创业大赛	B
31	两岸新锐设计竞赛"华灿奖"	B
32	长江钢琴–全国高校钢琴大赛	B
33	中国高校计算机大赛（大数据挑战赛、*团体程序设计天梯赛、*移动应用创新赛、*网络技术挑战赛、*人工智能创意赛）	B
34	全国大学生动物医学专业（本科）技能大赛	B
35	全国大学生铸造工艺大赛	B
36	全国大学生地质技能竞赛	B
37	iCAN全国大学生创新创业大赛	B

续表

序号	竞赛项目名称	评定等级
38	全国大学生数学竞赛	B
39	全国高校讲思政课大赛	B
40	全国大学生生命科学竞赛	B
41	全国大学生物理实验竞赛	B
42	中国日报社"21世纪杯"全国英语演讲比赛	B
43	全国基础医学创新论坛及实验设计竞赛	B
44	"东方杯"全国大学生勘探地球物理大赛	B
45	全国食品类专业工程实践训练综合能力竞赛	B
46	国际大学生智能农业装备创新大赛	B
47	*全国周培源大学生力学竞赛	B*
48	*全国大学生嵌入式芯片与系统设计竞赛	B*
49	*"学创杯"全国大学生创业综合模拟大赛	B*
50	*中国大学生机械工程创新创意大赛-智能制造大赛	B*
51	*全国大学生信息安全竞赛	B*
52	*中国机器人大赛	B*
53	*中国高校智能机器人创意大赛	B*
54	*全国高校数字艺术设计大赛（未来设计师NCDA大赛）	B*
55	*米兰设计周——中国高校设计学科师生优秀作品展	B*
56	*中国机器人及人工智能大赛	B*
57	*全国大学生金相技能大赛	B*
58	*华为ICT大赛	B*
59	*全国大学生交通运输科技大赛	B*
60	*蓝桥杯全国软件和信息技术专业人才大赛	B*
61	*全国大学生光电设计竞赛	B*
62	*全国大学生集成电路创新创业大赛	B*
63	*"中国软件杯"大学生软件设计大赛	B*
64	*中美青年创客大赛	B*

序号	竞赛项目名称	评定等级
65	*RoboCom机器人开发者大赛	B*
66	*"大唐杯"全国大学生移动通信5G技术大赛	B*
67	*全国高校BIM毕业设计创新大赛	B*
68	*全国高校商业精英挑战赛–品牌策划竞赛、会展专业创新创业实践竞赛、国际贸易竞赛、创新创业竞赛	B*
69	*中国好创意暨全国数字艺术设计大赛	B*
70	全国大学生不动产估价技能大赛	C
71	全国大学生测井技能大赛	C
72	全国高等学校大学生测绘技能大赛	C
73	全国大学生GIS应用技能大赛	C
74	SuperMap杯全国高校GIS大赛	C
75	ESRI杯中国大学生GIS软件开发大赛	C
76	全国高校GIS技能大赛（MAPGIS）	C
77	中国（国际）传感器创新创业大赛	C
78	"雄鹰杯"小动物医师技能大赛	C
79	"理律杯"全国高校模拟法庭竞赛	C
80	"贸仲杯"国际商事仲裁模拟仲裁庭辩论赛	C
81	国际刑事法院（ICC）模拟法庭审判竞赛（英文）	C
82	Philip C. Jessup杰赛普国际法模拟法庭大赛	C
83	国际人道法（IHL）模拟法庭竞赛	C
84	法兰克福国际投资模拟仲裁庭-贸仲中国（内地）赛	C
85	美国大学生数学建模竞赛	C
86	全国大学生英语竞赛	C
87	Uchallenge全国英语写作大赛	C
88	Uchallenge全国英语阅读大赛	C
89	金蝶云管理创新杯互联网+管理应用大赛	C
90	IE亮剑全国大学生工业工程案例大赛	C

续表

序号	竞赛项目名称	评定等级
91	中国"TRIZ"杯大学生创新方法大赛	C
92	全国企业创新方法大赛	C
93	BICES中国-国际工程机械及专用车创意设计大赛	C
94	机构与机器科学大学生国际奥林匹克竞赛	C
95	CCSP大学生计算机系统与程序设计竞赛（CCSP，The College Computer Systems & Programming Contest）	C
96	全国大学生物联网设计竞赛	C
97	CCPC中国大学生程序设计竞赛	C
98	全国大学生计算机应用能力与信息素养大赛	C
99	全国高校智能交通创新与创业大赛	C
100	全国大学生农业建筑环境与能源工程相关专业创新创业竞赛	C
101	全国大学生包装结构设计大赛	C
102	德国红点奖	C
103	HONDA中国节能竞技大赛	C
104	中国大学生巴哈越野汽车大赛	C
105	国际企业管理挑战赛（Global Management Challenge，简称GMC）	C
106	全国大学生金融投资模拟交易大赛	C
107	全国高等院校企业竞争模拟大赛	C
108	"用友新道杯"全国大学生ERP沙盘模拟经营大赛	C
109	全国高校密码数学挑战赛	C
110	世界机器人大赛	C
111	国际水中机器人大赛	C
112	全国口译大赛	C
113	CCTV"希望之星"英语风采大赛	C
114	全国高校俄语大赛	C
115	CCTV西班牙语大赛	C
116	上海外国语大学CASIO杯中国日语专业本科生、研究生演讲辩论大赛	C

序号	竞赛项目名称	评定等级
117	中华全国日语演讲比赛	C
118	"笹川杯"全国高校日本知识大赛	C
119	中国人日语作文大赛	C
120	多语种全国口译大赛	C
121	笹川杯日本研究论文大赛	C
122	全国大学生日语演讲及综合技能大赛	C
123	纽约全美模拟联合国大会	C
124	"视友杯"中国高校电视奖	C
125	全国大学生主持人大赛	C
126	时报金犊奖	C
127	One Show中华青年创意奖	C
128	戛纳国际创意节戛纳幼狮中国区选拔赛	C
129	靳埭强设计奖	C
130	全球华语朗诵大赛暨"曹灿杯"朗诵大赛	C
131	语文朗读大会	C
132	"夏青杯"朗诵大赛	C
133	中国大学生物理学术竞赛	C
134	全国大学生水利创新设计大赛	C
135	全国环境友好科技竞赛	C
136	全国大学生电子设计竞赛嵌入式邀请赛	C
137	全国大学生电气与自动化大赛	C
138	国际大学生雪雕大赛	C
139	全国高校企业价值创造实战竞赛	C
140	全国大学生信息安全竞赛（信息安全作品赛；创新实践能力赛）	C
141	"华为杯"中国大学生智能设计竞赛	C
142	全国高校大数据应用创新大赛	C
143	中国高校计算机大赛（微信小程序开发赛）	C

续表

序号	竞赛项目名称	评定等级
144	"盼盼食品杯"烘焙食品创意大赛	C
145	"三菱电机杯"全国大学生电气与自动化大赛	C
146	全国高校海洋法模拟法庭邀请赛	C
147	国际刑事法院（ICC）模拟法庭审判竞赛（中文）	C
148	金企鹅网络模拟法庭竞赛	C
149	全国大学生化学实验创新设计竞赛	C
150	北京国际电影节·大学生电影节	C
151	中国国际大学生纪录片大赛	C
152	全国大学生中华经典美文诵读大赛	C
153	全国大学生有声阅读大赛	C
154	今日头条新写作大赛	C
155	中国数据新闻大赛	C
156	《中国日报》（CHINADAILY）"大学新闻奖"	C
157	全国日语专业配音大赛	C
158	韩素音国际翻译大赛	C
159	"俄罗斯文艺"文学翻译奖全球俄汉互译大赛	C
160	全国校园冰雪创意设计大赛	C
161	中国大学生广告艺术节学院奖	C
162	模拟国际投资仲裁深圳杯（FDIMootShenzhen）	C
163	"从法杯"全国大学生"法治中国"调研大赛	C
164	全国大学生物流仿真设计大赛	C
165	全国大学生人力资源管理知识技能竞赛（精创教育杯）	C
166	全国大学生房地产策划大赛	C
167	全国大学生数智人力大赛	C
168	"尖烽时刻"全国商业模拟大赛（"尖烽时刻"全球商业模拟赛中国选拔赛）	C
169	"我心中的思政课"——全国高校大学生微电影展示	C
170	全国大学生化工实验大赛	C

序号	竞赛项目名称	评定等级
171	全国大学生化工安全设计大赛	C
172	中国国际飞行器设计挑战赛	C
173	SAE国际航空设计大赛	C
174	中国壳牌汽车环保马拉松挑战赛	C
175	中国优秀工业设计奖	C
176	中国大学生无人驾驶汽车大赛	C
177	好设计	C
178	全国机械工业设计创新大赛	C
179	中国制冷空调行业大学生竞赛	C
180	上汽设计国际汽车设计大赛	C
181	全国大学生焊接创新大赛	C
182	"天食杯"食品研究与开发创新创意大赛	C
183	全国大学生机器人大赛（ROBOCOM）	C
184	无人飞行器智能感知技术竞赛	C
185	全国高校网安联赛XNUCA	C
186	全国大学生FPGA创新设计竞赛	C
187	中国大学生计算机博弈大赛	C
188	全国大学生土地国情调查大赛	C
189	全国大学生国土空间规划技能大赛	C
190	全国大学生自然资源科技作品大赛	C
191	全国油气地质大赛	C
192	"创新杯"全国大学生地球物理知识竞赛	C
193	中国虚拟现实大赛	C
194	"中科星图杯"国际高分遥感图像解译大赛	C
195	全国大学生测绘创新开发大赛	C
196	全国大学生工程地质创新实践大赛	C
197	国际大学生钻探机器人大赛	C

续表

序号	竞赛项目名称	评定等级
198	水科学数值模拟创新大赛	C
199	全国大学生市政环境类创新实践能力大赛	C
200	全国虚拟仪器设计大赛	C
201	全国高校电力电子应用设计大赛	C
202	全国大学生植物保护专业能力大赛	C
203	全国青年科普创新实验暨作品大赛	C
204	全国农科学子创新创业大赛	C
205	全国大学生动物科学专业技能大赛	C
206	全国高校军事课教学展示比赛	C
207	国际青年人工智能大赛	C

其中，序号47—69竞赛评定等级为B*，属于B类竞赛培育项目，原则上学校暂不予以差旅费、运输费及竞赛材料费等支持，其他视同为B类竞赛项目。

四、本科生课外培养计划管理

本科生课外培养计划管理按照《吉林大学本科课外培养计划实施办法》执行。

课外培养计划是本科培养方案的重要组成部分，是学生综合素质协调发展和提高的基本途径。根据本科人才培养模式改革的需要，为规范本科培养方案的制定，特制定新的课外培养计划实施办法。

（一）设置课外培养计划的目的

课外培养计划是以培养学生的创新精神和实践能力为重点，提高其综合素质，包括思想道德素质、业务素质、科学文化素质、身心素质以及工程意识和社会实践能力等，通过多种形式的课外实践训练，因材施教，使学生的健康个性和综合素质得到全面和谐的发展。

（二）课外培养计划的具体内容和实施过程

课外培养应当与课内教学计划紧密配合，互相补充，体现循序渐进和因材施教的原则，贯穿本科教育的始终。为了便于管理与实施，现将课外培养计划分解为以下部分：

1. 结合"两课"组织各种形式的课内外、校内外活动，包括进行社会调查、社会实践；开展马列著作选读和中国特色社会主义理论的学习；开展文体竞赛；参与各类有意义的社团、支边支教活动等。

2. 要求学生积极参与科技活动，如参加大学生创新创业训练计划项目，教师课题组的科学研究，进行科技调研，参加学术讲座、读书报告、撰写科研报告、撰写学年论文、发表学术论文，参加CAI课件、网络课件的研制，开展科学普及和科学技术宣传等活动。

3. 鼓励学生参加各类竞赛活动，如数学建模比赛、电子设计大赛、各类计算机竞赛等、科技制作比赛等活动。

4. 要求学生接受心理健康教育，培养学生的自信、自尊、自强、自立意识，以及承受挫折的良好心理素质，鼓励学生进行心理测试、心理交流、心理训练等活动。

5. 要求学生参与人文艺术教育活动，包括组织和参与文艺社团演出、书画展、摄影展，以及各类文化艺术竞赛等活动。

6. 鼓励学生参加各种专门能力训练，包括外语、计算机等级，各类专业技术技能的培训和职业能力考核，获得相关证书。

（三）课外培养计划的管理及考核办法

课外培养计划应注重体现因材施教，务必要落到实处。学生综合素质的培养是一个长期而复杂的过程，不能搞千篇一律，完全按模块进行，各学院在制定具体的课外培养计划时，应遵循"总体要求与分项要求相结合，整体培养过程与阶段实施相结合，普及培养与因材施教相结合"的培养方针，制定出切实可行的本科课外培养计划。

各学院应参照本办法，根据各自的具体情况，制定符合本院学生情况的具体实施细则、管理方式及考核方法。要切实安排好本科课外培养计划实施的组织机构、每学年的具体培养内容、时间以及每项活动的考核方式等。整个课外培养计划的学分应控制在6～10学分，本科生必须获得课外培养计划所规定的学分方可毕业，原则上每个学生不能在课外培养计划的某一方面重复获得学分。对于个别在某一（些）方面特别优秀的学生，如在各类国家级以上竞赛中获奖励者，或在较高级别各类刊物上发表论文者，可在相关方面获得额外学分，一般不超过3学分。

五、本科课外培养计划实施细则

为规范课外培养计划学生成绩评定工作，依据《吉林大学本科课外培养计划实施办法》（校教字〔2016〕64号），学校现就课外培养计划实施工作提出具体要求，特制定本细则。

（一）成果审核与学分认定

1. 课外培养计划实施"档案袋"管理方法，学院为在校本科生建立"课外培养计划"个人专属"档案袋"。通过吉林大学实践教学管理系统实施网上管理。

2. 学生申请课外培养计划学分，需提交相应的成果证明（纸质版），经学院审核后方可认定学分。

3. 学院组织教务管理、学生管理、实验教学管理人员，组成工作组，针对学生申请成果及相关证明进行鉴别审核，并提交至吉林大学实践教学管理系统确认。

4. 学生所提交的成果通过审核后，即可获得学分。完成专业培养方案要求的课外培养计划学分，即可在吉林大学教务管理系统录入该环节成绩。具体成绩根据完成学分来确定。完成本专业课外培养计划基本学分要求，记60分；每超出1学分，成绩增加3分；成绩上限为100分。

5. 学生完成课外培养计划要求学分，所有成果将记载于《吉林大学本科生课外培养计划成果汇总表》，学院加盖公章后装入本人档案。

（二）成果提交

1. 学生所有课外创新实践成果须提交吉林大学实践教学管理系统在线管理。

2. 成果提交程序的设置遵循便捷、高效、准确原则。

3. 成果提交权限分为教务处、学院、学生三个层次。

4. 提交的课外实践成果信息，应当真实、准确、客观、有效。

5. 提交成果责任单位或责任人将成果提交后，学院、学生须在规定时间内进行成果核对与确认，必要时通过系统提交"更正申请"。

6. 全校本科生参加大学生创新创业训练计划项目结题、参加校级及以上学科竞赛，成果由教务处提交；由学校或学院组织的社会实践、开放实验、实践成果展演（展示）等有组织的实践活动成果，由学院或组织单位提交；其他成果由学生自己提交。

（三）学分赋值原则

1. 为引导学生广泛参与社会实践、科研训练、校园文化活动及技能训练等环节，拓展实践空间、锻炼实践能力，设定学生各模块可核算学分上限；超额完成学分将记载于《吉林大学本科生课外培养计划成果汇总表》。

2. 团队合作取得的成果（含社会实践），学校设定成果的总学分上限及"有效计分名次",学院规定各角色所得学分值,并作为统一标准、相对稳定。

3. 本科生取得学术论文、专利、软件著作权等成果,按照角色获得相应学分。如成果由教师、博士生、硕士生共同协作完成,本科生应得的分值,按自然排序计算;取得学分的资格由"有效计分名次"确定。

4. 学生参加大学生创新创业训练计划项目,所取得的成果(撰写论文、取得专利、软件著作权),只计算大创项目学分,不重复计学分。

5. 学生参加大学生创新创业训练项目结题、参加校级及以上学科竞赛,所得分值全校统一。参加大学生创新创业训练计划项目,学生按照项目结题结果及成员排名取得学分(依表4-2);学科竞赛获奖,团队成员获得相同的学分(依表4-3)。

表4-2 大学生创新创业训练项目评分标准

类 别	级 别	结题结论	负责人	第二名	第三名	第四名	第五名
训练类	国家级	优秀	5	3	2	2	2
训练类		普通	3	2	1	1	1
训练类	校级	优秀	3	2	1	1	1
训练类		普通	2	1	0.5	0.5	0.5
创业实践	国家级	优秀	5	3	2	2	2
创业实践		普通	3	2	1	1	1
创业实践	校级	优秀	3	2	1	1	1
创业实践		普通	2	1.5	1	1	1

表4-3 学科竞赛获奖项目学分赋值标准

级别等级	特等奖	一等奖	二等奖	三等奖
国家级	7	6	5	4
省级	5	4	3	2
校级	3	2	1	0.5

6. 合作选做创新实验,每人获得同等学分;合作人数按照实验项目规定的"每组人数"核定。

7. 凡同一项成果多次获奖,均只按最高级别计学分。

(四)其他

1. 本细则适用于2013级(含)以后的学生课外培养计划实施工作。

2.学院在本细则基础上，另行制定学院实施方案。未尽事宜由教务处与学院研究确定。

3.本细则由教务处负责解释。

第五部分
实践教学经费管理

一、实验教学材料经费管理

实验教学材料经费管理遵照《吉林大学实验消耗材料管理规定》（校实管字〔2012〕03号）执行。

第一条 为规范在购买和使用实验消耗材料过程中的管理行为，加强对实验消耗材料经费的管理，保证实验消耗材料的采购为购买所需，并在科学实验过程中物尽其用，制定本管理规定。

第二条 本规定所指的实验消耗材料（以下简称"耗材"）是指，在科学实验中一次使用后即消耗或不能复原的物资和在使用中易损坏的器皿器件等，包括：金属材料、非金属材料、燃料、气体、试剂、化学药品等消耗材料和玻璃器皿、元件、零配件等易耗品。

第三条 本科实验教学耗材经费由学校预算资金统筹安排，按预定分配额度直接全额拨付至各教学单位相应的经费卡上，学院按定额包干使用；研究生教学用耗材经费直接下达给研究生指导教师；科研用耗材经费从各科研项目经费中支付。

第四条 各学院本科实验教学耗材经费定额的核定，由实验室与设备管理处根据学生人数、实验教学计划和实验课特点确定生均标准，根据学院间交叉授课和特殊需求确定补偿额度。此经费不得用于与本科实验教学无关的开支。

第五条 根据"学校监督，学院管理，按需采购，节约使用"的指导原则，各学院和实验室要设置专人负责实验消耗材料的购置、验收、保管、领用、安全、处置等日常管理。

第六条 各学院和实验室根据本科实验教学工作的实际需要，科学合理制定本单位实验耗材的年度需求计划。根据计划购置所需物品，要做到采购及时，保证供应，物符所值。

第七条 各学院和实验室要建立严格的实验消耗材料管理责任制，对耗材管理各环节要做到严肃认真，责任清晰。按年度自行建立"实验耗材使用账"，账本保存期至少五年，以备学校有关部门检查。账目及时记载，定期核对检查，保持账物相符，领用手续完备，进出物品清楚。

第八条 各学院和实验室负责采购的人员在购置物品时，应进行初步审验；货到后，应有不少于三名相关人员参加的验收，验收合格后在验收单据上签字。

第九条 在两个以上学院存在大量共同需求时，在各单位经费指标范围内，可以由实验室与设备管理处牵头组织相关学院，以批量竞价方式，取得某些实验消耗材料购置的优惠价格。

第十条 实验室与设备管理处将加强对各教学单位实验教学消耗材料经费管理和使用的监督检查，督查的主要内容是管理组织、购置计划、耗材账目、领用手续和安全保管等事项。

第十一条 各实验室原则上不设实验耗材库房，坚决杜绝危险化学品等在实验室内大量堆积存放。如果确有需求，以学院为单位建立小型耗材库，应做到科学规范管理，物品定位有序存放，便于收发和检查。

第十二条 各学院日常的采购计划须经主管院长批准后方可购置，报销凭单经主管院长签字后方可报销，在经费使用上应严格遵守学校有关财经制度。

第十三条 毒麻、易燃易爆等危险化学品的购买和管理要严格按照学校《吉林大学危险化学品管理办法》（校实字〔2012〕02号）的相关规定执行。

第十四条 对于低值易耗品，使用单位要单独建立明细账，学院和实验室设专人管理。办理丢失、损坏、报废、销账等手续时，须有主管院长或实验室主任签字后方能办理。

第十五条 实验室与设备管理处是学校本科教学实验消耗材料经费管理部门，负责经费分配方案的制定及使用过程中的监督检查。

第十六条　本办法由实验室与设备管理处负责解释。自2013年1月1日起施行。

二、本科实习教学经费管理

本科实习教学经费管理依据《吉林大学实习教学经费管理办法》执行。

第一章　总　则

第一条　为进一步规范本（专）科实习教学经费管理，提高实习教学经费的使用效率，确保实习教学质量，根据国家和学校有关规章制度，结合我校实际，制订本办法。

第二条　本办法所指实习教学，是本（专）科培养方案中规定的独立实习教学环节的统称。

第三条　实习教学经费主要用于支付实习教学的专项业务支出，任何单位不得挤占、截留和挪用。

第四条　实习教学经费由各教学单位管理的实习教学经费和教务处集中管理实习教学经费构成，分别用于支持在市内（含校内，以下同）、外埠进行的实习教学。

第二章　预算管理

第五条　实习教学经费预算，依据教务处制定的《吉林大学本专科实践教学年度执行计划》，依据实习教学大纲及不同学科不同环节实际运行保障对经费的需求，由学院与教务处共同编制，并报送财务处审批。

第六条　实习教学经费预算包括市内实习教学经费预算和外埠实习教学经费预算。

第七条　市内实习教学经费预算，用于专项支持各专业在长春市市区及校内开展的实习教学。教务处根据实习教学需求测算预算额度，由财务处下拨至各教学单位，由教学单位管理使用。

第八条　外埠实习教学经费预算，由实习运行费、实习基地建设费等构成。各教学单位使用外埠实习教学经费预算，应按教务处的具体要求进行申报。通过教务处审批的外埠实习教学预算经费，由教务处集中管理，专款专用。

第三章　经费开支范围及标准

第九条　市内实习教学经费开支范围包括：在校外实习的指导教师及实习学生的市内交通费、伙食补助费，接纳实习教学校外单位的实习教学管理费、参观费；实习教学资料费、耗材费等。

第十条 实习教学经费开支范围包括：实习教学指导教师及实习学生的城市间交通费、市内交通费、住宿费、伙食补助费，接纳实习教学校外单位的实习教学管理费、参观费，实习教学资料费、耗材费，聘请实习教学单位技术人员指导费及授课酬金、保险费及疫苗接种费，等等。

第十一条 实习教学经费具体开支范围及标准如下：

1. 外埠实习城市间交通费：指实习教学指导教师落实实习任务、实习师生往返学校与实习地点以及实习期间租用车船等费用。学生乘坐火车（不含动车、高铁），从晚9时至次日晨7时之间、在车上过夜6小时以上的，或连续乘车时间超过12小时的，可购硬席卧铺票。指导教师城市间交通费按校发〔2014〕142号文件中规定标准执行；实习期间租车费按当地标准执行；指导教师其他办公交通费凭票据报销，但不得超过每人每天80元包干标准。

2. 外埠实习住宿费：指实习教学期间实习师生住宿费用。实习教学指导教师按校发〔2014〕142号文件中规定标准执行；实习学生按接收实习教学单位住宿标准执行，自行安排住宿，标准不高于50元/人天（含50元/人天）。

3. 外埠实习伙食补助费：指外埠实习教学期间实习师生补助费。指导教师伙食补助费按校发〔2014〕142号文件中规定标准执行；学生补助费5元/人天。

4. 校外单位实习教学管理费：指接纳实习教学单位规定的教学管理费、出入实习地点证件费以及餐饮管理费等。按接收实习教学单位管理费标准执行。

5. 参观费：特指接纳实习单位安排的观摩教学费用、门票等。按接收实习教学单位规定标准执行。

6. 实习教学资料费：指实习教学期间教学材料印刷费、复印费、专用记录本、网络费等。

7. 耗材费：指实习教学中所消耗的材料（含低值品）费用。

8. 校外人员指导酬金：指聘请接纳实习教学单位的工程师及以上职称的专业技术人员指导实习及授课费等，正高职人员前3天每人每天500元，后三天每人每天300元，依据学院出具的《校外实习指导教师聘任名单》报销。

9. 意外人身伤害保险费：专指田野考古实习、地质类野外实习、野外艺术写生、工程类专业顶岗实习等在具有一定危险环境中进行的实习教学，购买的实习期间师生意外人身伤害保险费。按实际发生执行。

10. 疫苗接种费：去野外特殊地区实习按卫生防疫规定应当为实习师生接种疫苗的费用。按实际发生执行。

11. 市内实习交通费：指师生往返于校园、实习地点的市内交通费，凭公交票据报销。

第四章 实习教学经费审批

第十二条 市内实习教学经费，由各教学单位依据教学计划，根据教学实际发生费用，在预算范围内由分管实习教学工作的副院长审核，本单位财务负责人批准，到财务处报销。

第十三条 外埠实习教学经费，由各教学单位依据实习教学执行计划，根据实际发生费用，在预算范围内由各单位提出"报销申请"，经教务处实践教学科审核、处长（财务负责人）批准后，到财务处报销。各单位"报销申请"须由承担实习教学任务的系主任、实习队长、教学副院长审核签字。

第十四条 实习教学经费报账，限定于自实习教学结束后20天内完成。本校指导教师及学生补助费列支，须转入补助实领人工资卡中。

第五章 决算管理

第十五条 各教学单位于每年末，编制当年实习教学经费决算，报教务处备案。教务处依据决算情况安排下一年度的预算。

第六章 其 他

第十六条 在保证完成实习教学任务的前提下，实习教学地点选择应坚持"就近"原则，并尽可能建立稳定的实习基地，便于教学单位与接收学生实习的单位之间的相互交流与协作，提高实习效果，节省经费开支。

第十七条 凡实习教学不及格的学生，经个人申请、教学单位审批后可以重修实习，全部实习费用由学生本人担负。

第七章 附 则

第十八条 本办法由财务处、教务处负责解释。

三、教学实验室条件建设经费管理

教学实验室条件建设经费按照《吉林大学本科实践教学建设项目管理办法》有关规定执行。

（一）教学实验室条件建设经费主要支持实践教学平台类建设、基本实践教学条件建设、实践类课程资源建设和实践教学信息化建设等。通过项目论证方式支持改善基本实验教学条件建设。

（二）实践教学建设项目经费的使用和管理遵循以下原则：

1. 保障基本，突出重点。坚持统筹兼顾，区分轻重缓急，优先支持与实践教学紧密相关、确保教学正常进行、紧扣时代要求、引领学科建设、有效推动实践教学改革、具备实施条件的亟需实践教学建设项目。

2. 公开申报，透明公正。为体现项目申报的公平、公正、公开，学校对各类经费进行统筹管理，每学年公开发布申报实践教学建设项目通知，统一组织各教学单位申报，经专家评审后，项目予以实施。

3. 放管结合，注重绩效。结合各教学单位实际情况，经评审通过的实践教学建设项目，学校会为该项目单独建立经费卡。同时，各教学单位要明确管理责任，完善管理机制，规范管理行为，学校于学年末对实践教学建设项目的执行情况进行绩效评价，切实提高建设经费管理的科学化、规范化水平及经费使用效益。

（三）对于实践教学建设项目中仅包含仪器设备（含软件类）购置且申报经费在100万元及以上的，原则上经费由中央高校改善基本办学条件专项资金等相关经费予以支持；其他实践教学建设项目，经费由中央高校教育教学改革支持经费、学校本科实验室建设经费及实习经费等相关经费予以支持。

（四）对于单个实践教学建设项目申请经费在100万元及以上的，或项目中所需购置的教学仪器设备单台套价格在40万元及以上的，经教学委员会论证后，须提请党政联席会审议通过。

（五）教务处根据各教学单位申报情况，定期组织学校专家组进行校级评审，单个实践教学建设项目申请经费在30万元及以下的，专家组在系统中进行通讯评审，单个实践教学建设项目申请经费在30万元以上的，专家组对项目进行现场评审，单个实践教学建设项目申请经费在100万元及以上的，专家组须对申报单位进行现场考察。

（六）根据学校专家组最终评审意见，教务处召开处务会审议，对于单个实践教学建设项目申请经费在30万元以上的，需向主管教学副校长汇报并备案；对于单个实践教学建设项目申请经费在100万元及以上的，或项目中所需购置的教学仪器设备单台套价格在40万元及以上的，教务处将在学校专家组评审后，将该项目提交学校教学委员会研讨决定。

（七）通过评审的实践教学建设项目，学校会为该教学单位建立经费卡并下拨经费，各教学单位应根据项目建设目标、实施计划和经费预算等严格执行。

（八）予以支持的项目应按照批复意见，在有效时间内执行完毕，无故逾期者将不允执行，取消立项，并影响下一年度实践教学建设项目的支持额度。

（九）教务处配合学校财务处及审计部门依据法律法规和制度要求，对实践教学建设项目的建设经费使用情况进行监督检查。

（十）实行年度绩效评价结果通报制度，对于绩效评价成绩不合格的单位，将减少下一年度实践教学建设项目的支持额度。

第六部分

实践教学质量保障管理

一、本科实践教学条件建设项目管理

本科实践教学条件建设依据《吉林大学本科实践教学建设项目管理办法》执行。

第一章 总 则

第一条 根据全国高等学校本科教育工作会议精神，为加快推进学校"双一流"建设，进一步加强和改进新形势下本科实践教学工作，强化本科生实践能力培养，保障实践教学条件，推动实践教学改革，打造一流本科专业，实现科学化、制度化、信息化管理要求，充分发挥各类经费使用效益，依照《中央高校改善基本办学条件专项资金管理办法》（财科教〔2017〕3号）、《吉林大学改善基本办学条件专项资金管理办法》（校发〔2018〕101号）、《吉林大学仪器设备管理办法（试行）》（校发〔2012〕268号）、《吉林大学贵重仪器设备购置论证管理办法》（校发〔2019〕247号）、《吉林大学关于加快建设一流本科教育构建高水平人才培养体系的实施意见》（校发〔2019〕25号）、《吉林大学一流本科实践教学提升行动计划（2021—2025年）》（校教字〔2021〕13号）等相关规定，结合学校实际情况，制定本办法。

第二条 吉林大学本科实践教学建设项目（以下简称"实践教学建设项目"），由中央高校改善基本办学条件专项资金、中央高校教育教学改革支持经费、学校本科实验室建设经费及实习经费等相关经费支持建设，学校鼓励各教学单位吸引社会资源协同

— 100 —

支持建设。

第三条　实践教学建设项目包含以下四类：

（一）平台类建设项目。主要包括实验教学中心、"四新"实验室、实习基地、实践教学基地建设等。

（二）基本实践教学条件建设类项目。主要包括改善基本办学条件专项建设项目（专指由中央高校改善基本办学条件专项资金支持的建设项目）、保障实践教学所亟需购置的小型教学实验仪器设备购置、本科教学实验室条件建设等。

（三）实践类课程资源建设项目。主要包括实践教学一流课程、实验课程、实习课程及数字化实践教学资源建设等。

（四）实践教学信息化建设项目。主要包括面向信息技术深度融合实践教学改革的智慧实验室、虚拟仿真实验项目及平台建设等。

鼓励申报"四新"实验室、实践教学一流课程、新形态实践教学教材、虚拟仿真项目、多学科交叉、教研融合、产教融合、国际合作等创新性实践教学建设项目。

第四条　实践教学建设项目经费的使用和管理遵循以下原则：

（一）保障基本，突出重点。坚持统筹兼顾，区分轻重缓急，优先支持与实践教学紧密相关、确保教学正常进行、紧扣时代要求、引领学科建设、有效推动实践教学改革、具备实施条件的亟需实践教学建设项目。

（二）公开申报，透明公正。为体现项目申报的公平、公正、公开，学校对各类经费进行统筹管理，每学年公开发布申报实践教学建设项目通知，统一组织各教学单位申报，经专家评审后，项目予以实施。

（三）放管结合，注重绩效。结合各教学单位实际情况，经评审通过的实践教学建设项目，学校会为该项目单独建立经费卡。同时，各教学单位要明确管理责任、完善管理机制、规范管理行为，学校于学年末对实践教学建设项目的执行情况进行绩效评价，切实提高建设经费管理的科学化、规范化水平及经费使用效益。

第二章　预算管理

第五条　对于实践教学建设项目中仅包含仪器设备（含软件类）购置且申报经费在100万元及以上的，原则上经费由中央高校改善基本办学条件专项资金等相关经费予以支持；其他实践教学建设项目，经费由中央高校教育教学改革支持经费、学校本科实验室建设经费及实习经费等相关经费予以支持。

第六条 改善基本办学条件专项建设项目，需按照国家规定编制三年滚动规划，具体参照《中央高校改善基本办学条件专项资金管理办法》（财科教〔2017〕3号）及《吉林大学改善基本办学条件专项资金管理办法》（校发〔2018〕101号）等相关文件。对于其他实践教学建设项目，学校每学年组织各教学单位统一申报，学校组织专家根据项目类别和申报资金额度对实践教学建设项目进行评审，并根据评审结果予以支持。对于亟需项目可不限定申报时间。

第三章　项目申报及论证

第七条 实践教学建设项目应以教学单位为申报主体，项目负责人原则上应为院长（主任）或主管本科教学副院长（副主任）。

第八条 改善基本办学条件专项建设项目，项目负责人须填写《中央高校改善基本办学条件专项资金子活动申报书》，并经申报单位逐级论证、签字盖章后将纸质版材料上交教务处；其他实践教学建设项目，项目负责人须在系统中填报《吉林大学本科实践教学建设项目申报书》。

第九条 各教学单位应按照本科培养方案及实践教学大纲的相关要求，分析本科教学任务、现有软硬件条件、开放运行现状、仪器设备规范管理及使用效益、存在不足及困难等关联因素，科学提出需求，严谨填写申报书。提交申报书前，教学单位主要负责人应召开教学委员会对拟建设项目进行全面论证。对于单个实践教学建设项目申请经费在100万元及以上的，或项目中所需购置的教学仪器设备单台套价格在40万元及以上的，经教学委员会论证后，须提请党政联席会审议通过。

第四章　项目评审及执行

第十条 学校评审流程如下：

（一）教务处对各类经费进行统筹管理，每学年初公开发布申报实践教学建设项目通知，统一组织各教学单位申报；

（二）教务处根据各教学单位申报情况，定期组织学校专家组对申报的实践教学建设项目进行校级评审，单个实践教学建设项目申请经费在30万元及以下的，专家组在系统中进行通讯评审，单个实践教学建设项目申请经费在30万元以上的，专家组对项目进行现场评审，单个实践教学建设项目申请经费在100万元及以上的，专家组须对申报单位进行现场考察；

（三）各教学单位根据学校专家组意见和预算评估情况修改申报书后上传系统；

（四）根据学校专家组最终评审意见，教务处召开处务会审议，对于单个实践教学建设项目申请经费在30万元以上的，需向主管教学副校长汇报并备案；

（五）对于单个实践教学建设项目申请经费在100万元及以上的，或项目中所需购置的教学仪器设备单台套价格在40万元及以上的，教务处将在学校专家组评审后，将该项目提交学校教学委员会研讨决定；

（六）通过评审的实践教学建设项目，学校会为该教学单位建立经费卡并下拨经费，各教学单位应根据项目建设目标、实施计划和经费预算等严格执行。

第十一条　学校评审工作重点考查以下内容：实践教学建设项目申报主体资格，建设项目必要性与建设目标，建设内容与实践教学大纲支撑度，仪器设备技术参数配置合理性，申报单位现有同类教学仪器设备等资源使用效益评价结果，实验教学中心或实习基地管理规范度，项目建设方案及拟开展的教学改革情况，项目实施基础与支持条件，项目预期效益及成果，等等。

第十二条　实践教学建设项目中所购置仪器设备应符合申报内容，即名称、规格、型号等应与申报书中所列一致，实际购买价格应与申报书中所列相近。若在实际执行过程中，因教学需要确须调整项目建设内容或预算，发生仪器设备撤销、台套数变更、技术指标参数需要调整且技术指标不低于申请指标等问题，项目负责人应立即停止项目执行，并及时向教务处提出申请并提交相关佐证材料，经教务处组织学校专家评审通过后方能继续执行，但凡发现擅自更改项目内容的，项目即刻停止执行，取消立项，并追究项目负责人责任。

第十三条　通过评审的实践教学建设项目，即正式进入吉林大学本科实践教学建设项目库。予以支持的项目应按照批复意见，在有效时间内执行完毕，无故逾期者将不允执行，取消立项，并影响下一年度实践教学建设项目的支持额度。

第五章　监督检查和绩效评价

第十四条　教务处配合学校财务处及审计部门依据法律法规和制度要求，对实践教学建设项目的真实性、合法性、效益性、建设经费使用情况、仪器设备管理及使用情况等进行监督检查。

第十五条　学校每年度对实践教学建设项目进行绩效评价。绩效评价采取各教学单位自评与学校评估相结合方式进行。绩效评价内容为：承担实践教学情况、开放实验情况、仪器设备（含软件类）机时利用及维修维护情况、学生操作仪器设备（含软件类）情况、虚拟仿真教学情况、实践教学方法创新情况、实验中心或实习基地管理水平等。绩效评价的考察依据为：实践教学大纲、实验项目卡、实验仪器使用记录、实验室教学运行记录、学生实验或实习报告、仪器维修维护记录、线上教学记录等支撑材料。

第十六条 实行年度绩效评价结果通报制度。绩效评价成绩不合格的单位，应及时采取整改措施并限期整改完毕。对于绩效评价成绩不合格的单位，将减少下一年度实践教学建设项目的支持额度。

第六章 附 则

第十七条 本办法由教务处负责解释。

二、实验教学中心管理办法

实验教学中心管理办法遵照《吉林大学实验教学中心管理办法（修订）》执行。

第一章 总 则

第一条 为深入贯彻落实全国教育大会和新时代全国高等学校本科教育工作会议精神，加快实施国家创新驱动发展战略，提升我校创新人才培养能力，加强实践育人工作，进一步推进实验教学改革，促进优质教学资源整合与共享，规范和加强学校各级实验教学中心建设与运行管理，依据教育部《国家级实验教学示范中心管理办法》（教高厅〔2016〕3号）和《教育部关于加强高校实验室安全工作的意见》（教技函〔2019〕36号）相关要求，特制定本办法。

第二条 实验教学中心是学校组织实验教学、培养学生实践能力和创新创业能力的教学基地。实验教学中心主要任务是坚持立德树人，聚焦国家人才战略和新时代社会发展需求，紧扣学校人才培养目标，创新实验室管理机制，探索引领实验教学改革方向，共享优质实验教学资源，强化对实验教学理念、方法、内容、手段的研究，探索学科交叉和产学合作协同育人新机制，以高水平实验教学支撑高质量人才培养工作。

第三条 实验教学中心实行"教学为主、开放共享、定期评估、动态调整"的运行机制，坚持育人为本，创新引领，学科交叉，科教一体，产教融合。

第二章 管理职责

第四条 学校成立"实验教学中心建设与运行管理委员会"，主管教学副校长任主任，教务处、实验室管理处、发展规划处、财务处、资产管理处、科研院、社会科学处、人力资源处等部门负责人为委员会成员，负责落实条件保障、日常监督管理和考核工作，协调解决实验教学中心发展中的重大问题。委员会下设办公室，办公室设在教务处。

第五条　学校教学委员会组建专家组，审议并确定国家级及省级实验教学中心名称、发展规划和目标、组织结构和实验室安全建设等重大事项；评议实验教学中心相关教学改革研究课题；考核实验教学中心主任工作；评价实验教学中心工作绩效。

第六条　实验教学中心建设和运行由教务处负责统筹管理。主要职责如下：

（一）负责研究制定相关指导性文件。

（二）将实验教学中心建设和基本运行经费纳入学校年度综合预算；在实验教学改革推进、人才引进和队伍建设、自主选题研究等计划中给予支持；协调相关部门提供人力资源、实验场所和仪器设备等条件保障。

（三）负责组织专家对各级实验教学中心进行审核评估。

（四）对各级实验教学中心提出改进意见，推广先进工作经验。

第七条　各教学单位是本单位实验教学中心建设和运行管理的主体。主要职责如下：

（一）制定本单位各级实验教学中心运行管理实施细则等相关文件。

（二）负责日常监督管理，组织各级实验教学中心年度自评考核。

（三）提供必要的人力资源、实验场所和仪器设备等条件保障，实验场所设置及变更应向资产管理处报备。协助各级实验教学中心组建教学队伍和管理团队。

第三章　运行与管理

第八条　实验教学中心实行学校实验教学中心建设与运行管理委员会指导下的主任负责制。中心主任负责实验教学中心的建设、运行、改革、质量管理及实验室安全等工作，并接受学校及上级教育行政部门考核。

第九条　实验教学中心主任是学校聘任的全职教学科研人员，应为本领域高水平教授，长期从事本科实验教学工作，具有较强的组织管理能力，且能保证集中精力投身实验教学中心的管理等工作。

第十条　国家级实验教学中心主任由学校聘任。聘任程序为学院公开招聘并择优推荐、学校教学委员会审核、实验教学中心建设与运行管理委员会批准、学校聘任；省级、校级实验教学中心主任，由中心推荐、学院教学委员会审核、学院聘任，报教务处备案。中心主任聘期一般为5年，一般连任不超过2届。省级及以上实验教学中心主任须由学校报省级教育行政部门或教育部备案。涉及公共基础教学的实验教学中心，原则上应聘任一名副主任，负责公共基础实验教学建设、运行、改革、质量管理及实验室安全等工作。

第十一条 国家级实验教学中心应成立教学指导委员会，负责审议中心的人才培养目标、实验教学体系、重大教学改革项目、重大对外开放交流活动、年度报告等。教学指导委员会定期召开会议。教学指导委员会主任和委员由中心聘任，同时报学校实验教学中心建设与运行管理委员会备案。教学指导委员会主任一般应由非中心人员担任。教学指导委员会委员由5-7位校内外优秀专家组成，其中校内人员不超过1/3。鼓励聘请行业企业专家和海外高校专家。1位专家至多同时担任3个国家级实验教学中心教学指导委员会委员。委员每届任期5年，一般连任不超过2届，原则上连续2次不出席教学指导委员会会议的委员应予以更换。

第十二条 实验教学中心人员由固定人员和流动人员组成。固定人员应是学校聘用的聘期2年以上的全职人员，包括教学、技术和管理人员，管理人员中要有专职安全人员；流动人员包括校内兼职人员、行业企业人员、海内外合作教学人员等。中心要保持适当的规模，积极吸引国内外高等学校、相关行业企业等人才。

第十三条 实验教学中心应围绕人才培养目标，严格执行年度教学计划；注重利用先进教学理念、前沿技术等推动教学体系和教学方式方法改革；不断有计划更新实验项目和内容，注重将科学前沿成果和行业产业先进技术及时转化为实验教学项目；充分发挥学校多学科优势，确保综合性实验项目和创新创业类实验项目的适当比例；合理调节基础实验和专业实验的比例。

第十四条 实验教学中心应注重教学研究，组织团队系统开展教学体系、教学内容、教学方法、教学组织、教学评估等研究；独立或联合国内外高等学校开展教学研究，积极承担国家、区域和学校教学改革项目；开展跨学科实验教学项目研究；开展仪器设备的自主研发和更新改造，开展实验技术方法的创新研究。

第十五条 实验教学中心应落实以人为本的理念，建立健全规章制度，不断完善管理体制和运行机制；保障仪器设备的功能完好、使用充分、及时更新；强化实验室安全责任意识，健全实验室安全责任体系，根据"谁使用、谁负责，谁主管、谁负责"原则，把责任落实到岗位、落实到人头，确保实验教学人员和国家财产的安全；加强知识产权的规范管理，在实验教学中心期间完成的教材、著作、论文、软件、数据库等学术性成果均应标注实验教学中心名称。

第十六条 实验教学中心应充分开放运行，在满足本单位教学需求的前提下，所有教学资源均应面向校内开放运行；国家级实验教学中心应设立公众开放日，面向校内外开展科学知识传播和服务。

第十七条 实验教学中心应积极推进信息化与教学的深度融合，积极探索校企、校所、校校合作，开发网络化、数字化、虚拟化等各类教学资源，建立统一的实验教学中心信息管理平台，持续提高人员信息技术的应用能力；国家级实验教学中心信息化建设应纳入学校信息化工作统筹管理，保证安全运行。

第十八条 实验教学中心应充分发挥示范引领作用，建立校际访问学者和对外培训制度，设立开放课题，积极承担国内高等学校实验室人才培训和培养任务；积极与国内外科研机构和行业企业联合培养创新人才，开展实践教学基地和资源建设；积极组织和参加国内外学术交流、竞赛、成果展示与培训活动，与国内外各类实验室机构和团队开展稳定的实质性合作。

第四章　工作考核

第十九条 学校实施实验教学中心工作绩效审核评估制度。根据《吉林大学实验教学中心评估实施细则》的相关要求，学校每三年对各级实验教学中心进行一次综合性审核评估。公共基础教学的实验教学中心独立参评。

第二十条 国家级、省级实验教学中心须参加上级教育行政部门部署的工作绩效评价。国家级实验教学中心须编制年度报告，内容应包括中心基础数据、示范辐射和改革建设的主要工作与成效等，并在中心网站公布。学校以年度报告为基础，每年组织专家对国家级实验教学中心进行年度考核，并将考核结果与年度报告一并报省级教育行政部门和教育部备案。

第二十一条 实验教学中心审核评估成绩分为优秀、良好、合格、不合格四个等级，各级实验教学中心评估成绩要求为：国家级实验教学中心须为优秀；省级实验教学中心须为良好及以上；校级实验教学中心须为合格及以上。

第二十二条 "安全事故一票否决制"。在实验教学中心审核评估时限内，发生过一般实验室安全事故的实验教学中心成绩一律不得评优；发生过较大或严重安全事故（Ⅲ级、Ⅱ级）的实验教学中心成绩为不合格。

第二十三条 对于审核评估成绩未达到要求的中心，学校将下发整改通知书，并限期6个月内整改完毕，如经整改后仍不合格，学校将给予更换中心主任、调减本单位实践教学经费等处理；对于服务本学院专业的实验教学中心，学校将减少本学院相关专业的招生规模，直至停止招生。

第二十四条 学校将优先资助在审核评估中成绩优秀的实验教学中心建设。

第五章 附 则

第二十五条 在实验教学中心运行管理中，凡是属于国家涉密范围的相关情形和内容，均应按照相关保密法规执行。

第二十六条 本办法由教务处负责解释。

第二十七条 本办法自发布之日起施行。

三、实验教学中心评估办法

实验教学中心评估办法依据《吉林大学实验教学中心评估实施细则》执行。

第一章 总 则

第一条 为进一步加强我校实验教学中心建设，促进实践教学改革，提升实践育人水平，规范本科实验教学管理，强化本科生实践能力培养，根据《深化新时代教育评价改革总体方案》、《关于深化新时代教育督导体制机制改革的意见》（厅字〔2020〕1号）、《普通高等学校本科教育教学审核评估实施方案（2021—2025年）》（教督〔2021〕1号）、《吉林大学实验教学中心管理办法（修订）》（校发〔2021〕409号）等文件要求，特制定本细则。

第二条 实验教学中心评估工作，旨在全面落实立德树人根本任务，遵循高等教育规律，结合学校"双一流"建设、"十四五"规划和中长期改革发展战略目标，以推动高质量实验教学为主题，全面综合分析我校实验教学中心的运行状况，形成以能力培养为核心的实验教学理念，建立有利于培养学生实践能力和创新创业能力的实验教学体系，建设满足新时代实验教学需要的高素质实验教学队伍，建设仪器设备先进、资源共享、开放服务的实验教学环境，完善运行管理机制，全面提高实验教学水平，带动学校实践教学建设和发展。

第三条 各教学单位是实验教学中心建设和运行管理的主体。各级实验教学中心须具有完善的教学体系，完整的内部管理体系，及充分共享实验资源的运行机制，并在实验室管理处有成立备案。公共教学与研究中心的实验教学中心独立参加评估。

第四条 实验教学中心评估工作坚持"以评促建、以评促改、以评促管、以评促强、评建结合"的基本原则，推动各教学单位积极构建自觉、自省、自律、自查、自纠的质量文化，以自评自改为基础，以学校审核评估为保障，进行全面评估。建立有效的实验室管理和实验教学质量监督评估体系，形成促进实验教学中心教学质量持续提升的长效机制。

第二章　管理职责

第五条　学校成立"实验教学中心评估领导小组"，教务处主要负责人担任组长，相关职能部门分管领导担任副组长，成员由有关处室人员组成。校内各教学单位成立"实验教学中心评估工作组"，分管实践教学工作的副院长担任组长，分管实验室工作的副院长担任副组长，成员由各实验教学中心主任及相关人员组成。

第六条　实验教学中心评估由教务处具体组织和管理。主要职责如下：

（一）负责研究制定相关指导性文件。

（二）负责组织专家及相关职能部门对各实验教学中心进行审核评估。

（三）汇总分析各实验教学中心评估情况，对各实验教学中心提出改进意见，推广先进工作经验。

第七条　各教学单位是实验教学中心评估的主体。主要职责如下：

（一）及时做好本单位实验教学中心自评整改工作。

（二）配合专家组如实提交自评材料及评估检查材料。

（三）根据专家意见或整改通知书，在限期内完成整改工作。

第三章　评估标准及应用

第八条　根据《吉林大学深化教育评价改革工作方案》《吉林大学实验教学中心管理办法（修订）》《吉林大学本科人才培养规划（2021—2025年）》等文件要求，结合学校实际，制定《吉林大学实验教学中心评估标准》（详见表6-1）。

第九条　评估标准体系分为体制与管理、教学体系与任务、教学组织与质量管理、师资队伍建设、仪器设备管理与使用、实验场所与安全、特色等七个部分。特色部分是对所有实验教学中心发展的前沿要求，是对相关建设成效的肯定和激励，主要表现为先进教学理念指导下的高水平实验教学中心建设成效对全校的带动作用、信息化建设成效、实验技术开发成果、社会资源利用及服务成效等。

第十条　评估标准体系前六部分，满分100分。42个评估要点中每个要点分4级评价。A级是满分，为规范要求，达不到规范要求的情形可认定为B、C、D级，得分系数分别为0.8、0.6、0，达不到C级要求，记0分。特色部分得分不计入总分。

第四章 评估方式与程序

第十一条 学校每三年进行一次综合性审核评估。每次评估考查近三年指标。评估采取自评整改与评估检查相结合的方式进行，各教学单位先组织各实验教学中心自评整改，然后学校组织专家进行审核评估，并及时汇总、反馈评估情况。

第十二条 各教学单位按照《吉林大学实验教学中心评估标准》规定的内容和要求，组织各实验教学中心进行自评整改，并向学校提交自评报告。在"以评促建、以评促改"中，本着"理念先行、管理先行、制度先行"的原则，以先进的理念、科学的管理和完善的制度加强实验教学中心内涵建设。

第十三条 根据各实验教学中心自评报告，学校组织专家对校内所有实验教学中心进行审核评估。

第十四条 根据专家组评估意见，开展评估情况及信息汇总与分析，公布评估结果。对于审核评估成绩未达到要求的中心，学校将下发整改通知书，并限期整改。

第五章 附 则

第十五条 本细则由教务处负责解释。

四、实验教学示范中心评估指标体系

实验教学示范中心评估指标体系按照《吉林大学实验教学示范中心评估标准》执行。

表6-1 吉林大学实验教学中心评估标准[1]

一、体制与管理（20分）

评估要素	评估要点	A级标准（1.0）	B级标准（0.8）	C级标准（0.6）	分值
1.1管理体制（2）	1.1.1中心建制	中心由学院直接管理，主任负责制，有完善的教学体系、完整的内部管理体系，具有充分共享实验资源的运行机制；实验中心下设实验室须在实验处有建立备案。			1
	1.1.2中心主任	中心主任由学校学院或学院任命，为本领域高水平教授；每年承担实验教学任务；全面负责中心发展规划、建设和管理工作，有丰富的实验室建设与管理经验；参加实验教学改革和科学研究工作。[2]			1
1.2档案管理（2）	1.2.1档案管理	中心有健全的管理档案；内容齐全、条目清晰，查阅便捷、管理规范。[3]	中心有健全的管理档案；内容齐全，条目翔实，查阅便捷、管理较规范。	中心有管理档案；内容较齐全，管理较规范。	2
1.3建设与规划（3）	1.3.1制度及规划	实验室管理制度规范、健全，能有效保障实验室建设、管理和实验教学运行秩序；有年度建设计划和中长期发展建设规划；年度建设计划实施效果好。	有各项实验室管理制度，能保障实验室建设、管理和实验教学运行秩序；有年度工作计划。		2
	1.3.2经费投入与管理	中心三年内有实验室环境建设、仪器设备更新，实验室运行、仪器设备维护等基本办学条件及专项建设与经费投入，经费能够按照执行进度要求按时完成建设任务，并达到预期目标；中心每年有学院经费投入用于教学实验室建设和设备购置；每年实验室耗材经费使用合理。[4]	中心三年内有基本办学条件专项资金进行实验室建设和设备购置，经费使用规范，能够按照执行进度要求按时完成建设任务，并达到预期目标；中心三年内有学院投资用于实验室建设和设备购置；每年实验耗材经费使用合理。	中心三年内有学校或学院经费投入用于教学实验室建设和设备购置，每年实验室耗材经费使用使用合理。	2

续表

评估要素	评估要点	A级标准（1.0）	B级标准（0.8）	C级标准（0.6）	分值
1.4考核制度（2）	1.4.1人员考核	依据学校岗位职责规范，有健全的实践教学人员岗位职责分工，考核制度和激励机制；实行年度考核并有完整的考核记录。	依据学校岗位职责规范，有实践教学人员岗位职责分工和考核制度；实行年度考核的考核记录。	依据学校岗位职责规范，有实践教学人员岗位职责分工和考核制度；实行年度考核并有考核记录。	1
1.5教学运行管理（9）	1.5.1教学计划管理	每学期制定《实验教学执行计划》，并严格执行。[5]	每学期制定《实验教学执行计划》，并严格执行。		2
	1.5.2课表管理	有学期实验、实训或实习课表，且可在学院或中心网站中查询。[7]	有学期实验、实训或实习课表；课表内容翔实、规范，并严格执行。[6]	有学期实习课表；计划内容翔实、规范，并严格执行；调串课记录基本完备。	2
	1.5.3师资配备	课程组实验指导教师配备合理；有高水平教师投入实验教学；坚持集体备课。[7]	课程组实验指导教师配备合理；坚持集体备课。	实验指导教师有课程组团队，开展过集体备课工作。	2
	1.5.4实验教学资格	有实验教学资格认定制度及试讲，试做实验制度，并严格执行。[8]	有实验教学资格认定制度及试讲，试做实验制度，并能执行。	有实验教学资格认定制度及试讲。	2
	1.5.5风险评估管理	严格执行《吉林大学实验室管理规定（试行）》，对新设、撤销或调整功能的实验室均履行了风险评估评审或新增、取消或调整实验室实验评估并履行不同的程序和手续；对在用实验室实验项目进行过安全风险评估；有安全事故应急预案。[9]			1
1.6信息化管理（2）	1.6.1信息化建设	中心建立了实验教学和实验室管理网站或信息管理平台并已投入运行；平台具有丰富的实验教学资源和教学课件，内容更新及时、准确，利用率高。	中心建立了实验教学和实验室管理网站或信息管理平台；有网络实验教学资源和教学课件，内容更新较为及时、准确。	有网络实验教学资源和教学课件。	2

二、教学体系与任务（25分）

评估要素	评估要点	A级标准（1.0）	B级标准（0.8）	C级标准（0.6）	分值
2.1教学体系	2.1.1课程体系	设置的实验课程、实验项目，实验内容符合专业人才培养目标；建立了与理论教学有机结合，以能力培养为核心，涵盖基本型、综合设计型和研究型等分层次实验教学体系，综合性、设计性、研究性实验不低于70%；实验课学分和教学安排较为合理。	设置的实验课程、实验项目，实验内容符合专业人才培养目标；建立了与理论教学有机结合，以能力培养为核心，涵盖基本型、综合设计型和研究型等分层次实验教学体系，综合性、设计性、研究性实验不低于60%；实验课学分和教学安排较为合理。	设置的实验课程、实验项目，实验内容符合专业人才培养目标；建立了与理论教学有机结合，以能力培养为核心，涵盖基本型、综合设计型和研究型等分层次实验教学体系，综合性、设计性、研究性实验不低于50%；实验课学分和教学安排基本合理。	3
	2.1.2教材建设	实验教材覆盖了本中心所有实验教学项目；教材符合实验教学大纲要求，不断修订，定期修订，满足教学改革需要，有利于学生创新能力培养和自主训练，且20%以上正式出版；实验教学参考书、实验实习指导书等系列化、规范化，能满足实验教学需要。	实验教材覆盖了本中心所有实验教学项目；教材符合实验教学大纲要求，不断改革，定期修订，且10%以上正式出版；实验教学参考书、实验实习指导书等系列化、规范化，满足实验教学需要。	实验教材覆盖了本中心所有实验教学项目；教材符合实验教学大纲要求，不断改革，定期修订；实验教学参考书、实验实习指导书等系列化、规范化，基本满足实验教学需要。	2
	2.1.3教学大纲	根据培养方案及时修订实践教学基本要求，实验教学大纲规范，内容先进，形式规范，每个项目均有实验项目卡，并根据实验教学改革的需要加以修订，体现实验教学内容的系统性、科学性和先进性。	根据培养方案及时修订实践教学大纲；实验教学大纲符合实验课程基本要求，每个项目均有实验项目卡。		5
	2.1.4实验项目设置	实验项目的设置要体现本学科的新知识新方法；实验项目开出率不低于90%；实验项目应满足分层次实验教学要求；设置选做实验。	实验项目的设置要体现本学科的新知识和新方法；实验项目开出率不低于85%；实验项目应满足分层次实验教学要求。	实验项目的设置要体现本学科的新知识和新方法；实验项目开出率不低于80%；实验项目应满足分层次实验教学要求。	5

续表

评估要素	评估要点	A级标准（1.0）	B级标准（0.8）	C级标准（0.6）	分值
2.1教学体系	2.1.5教学内容更新	积极将科研、教改成果或生产应用项目转化为实验项目；三年内更新实验项目数应达到总实验项目数的15%。[10]	积极将科研、教改成果或生产应用项目转化为实验项目；三年内更新实验项目数应达到总实验项目数的10%。	积极将科研、教改成果或生产应用项目转化为实验项目；三年内更新实验项目数应达到总实验项目数的5%。	2
2.2教学任务	2.2.1教学工作量	计划内教学任务大于10万人时数。	计划内教学任务大于5万人时数。	计划内教学任务大于3万人时数。	3
	2.2.2实验分组	严格按照实践教学大纲每组人数要求组织实验教学。	按照实践教学大纲相关要求，80%的实验项目分组人数=每组人数。	按照实践教学大纲相关要求，60%的实验项目分组人数=每组人数。	2
	2.2.3开放实验	积极承担大创、竞赛、开放性创新实验等课外教学任务；实验报告等佐证材料规范，学生受益人数多，效果好，有开放运行管理办法及开放实施记录。[11]	积极承担大创、竞赛、开放性创新实验等课外教学任务；实验报告等佐证材料规范，有开放运行管理办法及开放实施记录。		3
3.1实验教学方法	3.1.1实验教学方法	有改进实验教学方法的实施方案，有自主研发或引进的虚拟仿真实验项目、微实验、慕课、数字化实验课程及多媒体实验教学软件（课件）等多种实验教学模式，且在实验教学中应用效果好。	有改进实验教学方法的实施方案，有自主研发或引进的虚拟仿真实验项目、微实验、慕课、数字化实验课程及多媒体实验教学软件（课件）等多种实验教学模式，并在实验教学中应用。	有自主研发或引进的微课实验、慕课实验教学软件（课件）等多种教学模式，并在实验教学中应用。	4
3.2实验考核	3.2.1实验考核	制定适合课程特点的多元化成绩评定方法；有考核内容，成绩分析制度，实施效果好。	制定适合课程特点的成绩评定方法；有考核内容，成绩分析制度，实施效果好。	制定适合课程特点的成绩评定方法，有考核内容，有考核内容。	3

评估要素	评估要点	A级标准（1.0）	B级标准（0.8）	C级标准（0.6）	分值
3.3 质量管理	3.3.1 质量分析	有评估实验、实习教学质量的相关制度文件；评估标准科学，评估报告及报告内容翔实；实验报告、实习报告规范，存档持续改进措施，存档完善。	有评估实验、实习教学质量的相关制度文件；评估标准科学，评估记录及报告内容翔实；实验报告、实习报告规范，存档比较完善。	有评估实验、实习教学质量的相关制度文件；评估记录及报告内容；实验报告、实习报告较规范，存档基本完善。	3
	3.3.2 师生反馈信息	全面实施学生评价实验指导教师工作；实施同行专家评价实验教学效果工作；全部课程有总结，有改进措施。	实施学生评价实验指导教师工作；实施同行专家评价实验教学效果工作；70%课程有总结，有改进措施。	实施学生评价实验指导教师工作；50%课程有总结，有改进措施。	3
	3.3.3 学生素质和能力	在中心教师指导下，学生、实习、课外实践等方面的论文或申请专利；学生在省级及以上学科竞赛中获奖；用人单位反映效果好。	在中心教师指导下，学生正式发表了关于实验、实习、课外实践等方面的论文或申请专利；学生在校级及以上学科竞赛中获奖；用人单位反映效果较好。	在中心教师指导下，学生正式发表了关于实验、实习、课外实践等方面的论文或申请专利；学生在学科竞赛中获奖。	3
3.4 教学研究	3.4.1 教学研究与成果	三年内至少承担校级及以上实验教学改革项目或实验技术项目5项；在核心期刊上发表论文或出版专著、教材；获得实验技术相关研究论文或实验教学改革、实验技术成果或实验室管理等相关奖励。	三年内至少承担校级及以上实验教学改革项目或实验技术项目3项；在核心期刊上发表实验教学相关研究论文或出版专著、教材。	三年内至少承担校级及以上实验教学改革项目或实验技术项目1项；发表过实验教学相关研究论文或出版专著、教材。	4

構建高校實踐教育教學全方位運行管理模式
——吉林大學實踐教學管理文件匯編

四、師資隊伍建設（15分）

评估要素		评估要点	A级标准（1.0）	B级标准（0.8）	C级标准（0.6）	分值
4.1队伍现状	4.1.1人员数量与结构		实验教师和实验技术人员（含管理人员）符合中心实际，满足实验教学需要，与理论教学队伍互通，核心骨干相对稳定，形成动态平衡；实验教学队伍结构合理，中、高级职称和职称结构占70%以上；有专职实验室安全管理人员。	实验教师和实验技术人员（含管理人员）符合中心实际，满足实验教学需要，与理论教学队伍互通，核心骨干相对稳定，形成动态平衡；实验教学队伍结构基本合理，中、高级职称应占60%以上；有兼职实验室安全管理人员。	实验教师和实验技术人员（含管理人员）符合中心实际，满足实验教学需要，与理论教学队伍互通，核心骨干相对稳定，形成动态平衡；实验教学队伍结构基本合理，学历和职称应占50%以上；有中、高级职称实验室安全管理人员。	5
	4.1.2业务能力		实验教师和实验技术人员全胜任岗位职责；三年内获得过实验技术项目，实验技术成果相关奖项；有实验室环境改造项目或改进、自制仪器设备。	实验教师和实验技术人员完全胜任岗位职责；获得过实验技术项目，实验技术成果或实验室管理相关奖项；有实验室环境改造项目或改进、自制仪器设备。	实验教师和实验技术人员完全胜任岗位职责；获得过实验技术项目，实验技术成果奖或实验室管理等相关奖项。	5
4.2队伍建设	4.2.1建设措施		有实验教学队伍建设规划和措施，能引导和激励高水平教师积极投入实验教学、高水平教师参与实践教学比例高。	有实验教学队伍建设规划和措施，能引导和激励高水平教师积极投入实验教学、高水平教师参与实践教学。		2
	4.2.2业务培训		中心重视实验教学队伍培训，实验教师和实验技术人员三年内均参加过培训。	中心重视实验教学队伍培训，实验教师和实验技术人员三年内均80%人员参加过培训。	中心实验教师和实验技术人员三年内50%人员参加过培训。	3

— 116 —

五、仪器设备管理与使用（10分）

评估要素	评估要点	A级标准（1.0）	B级标准（0.8）	C级标准（0.6）	分值
	5.1.1管理人员	中心设立专门管理队伍，组成合理；有明确的设备管理职责要求。	中心设立专门管理队伍；有明确的设备管理分工文件。		2
5.1仪器管理	5.1.2管理状态	仪器设备管理制度健全[仪器设备管理、使（借）用、维修、丢失损坏赔偿、报废等各项管理制度]，已达最低使用年限且无维修再利用价值的仪器设备，每学期定期提交报废处置申请；设备完好率大于95%以上；仪器设备的固定资产账、物、标签相符；每台仪器都有操作规程、每个实验室都有教学运行记录本，填写翔实、规范。[12]	仪器设备管理制度较健全[仪器设备管理、使（借）用、维修、丢失损坏赔偿、报废等各项管理制度]，已达最低使用年限且无维修再利用价值的仪器设备，每学年定期提交报废处置申请；设备完好率大于90%以上；仪器设备的固定资产账、物、标签相符；1万元以上贵重仪器配有使用记录本；每个实验室都有教学运行记录本，填写翔实、规范。	仪器设备管理制度基本健全[仪器设备管理、使（借）用、维修、丢失损坏赔偿、报废等各项管理制度]，设备完好率大于85%以上；仪器设备的固定资产账、物、标签相符；贵重仪器；1万元以上贵重仪器配有操作规程、贵重仪器配有使用记录本；每个实验室有教学运行记录本，填写较规范。	2
5.2仪器使用	5.2.1效益评价	仪器设备保证实验开出率大于95%，仪器设备开出率大于90%，仪器设备效益评价中抽检仪器及格率90%以上。	仪器设备保证实验开出率大于90%，仪器设备开出率大于85%，仪器设备效益评价中抽检仪器及格率80%以上。	仪器设备保证实验开出率大于85%，仪器设备效益评价中抽检仪器及格率达70%以上。	4
	5.2.2操作安全	根据实验教学中心性质，制定了安全操作规程或设备的安全操作规程并操作规程上墙；设备周边有必要的防护措施和个人防护用品；有突发事故应急预案。[13]	根据实验教学中心性质，制定了贵重仪器的安全操作规程或设备的安全操作规程；设备周边目位置张贴警示标识，有必要的防护措施和个人防护用品；有突发事故应急预案。	根据实验教学中心性质，制定了贵重仪器的安全操作规程或设备注意事项，并操作规程或设备周边目位置张贴警示标识，有必要的防护措施和个人防护用品；有突发事故应急预案。	1
	5.2.3改进措施	仪器设备及时更新，三年内仪器设备值更新15%，有仪器设备开放共享机制，实施效果好。	仪器设备及时更新，三年内仪器设备值更新10%，有仪器设备开放共享机制，实施效果较好。	仪器设备及时更新，三年内仪器设备值更新5%，有仪器设备开放共享机制。	1

六、实验场所与安全[13]（10分）

评估要素	评估要点	A级标准（1.0）	B级标准（0.8）	C级标准（0.6）	分值
6.1实验场所	6.1.1实验室布局	实验室要根据职能需求设置相关的功能室或分区，组合布局科学合理；超过200平方米的实验楼层有至少两处紧急出口，75平方米以上实验室须有两个出入口，实验室的门扇可向外双开并设有观察窗；实验室操作区层高不低于2米；实验生均占有实际使用面积不小于2.5平方米（理工农医类）；有实验用房明细表（楼号、楼层、房间号、面积数）。	实验室要根据职能需求设置相关的功能室或分区，组合布局较科学合理；超过200平方米的实验楼层有至少两处紧急出口，75平方米以上实验室须有两个出入口，实验室的门扇可向外或里外双开并设有观察窗；实验室操作区层高不低于2米；实验生均占有实际使用面积不小于2平方米（理工农医类）；有实验用房明细表（楼号、楼层、房间号、面积数）。	实验室要根据职能需求设置相关的功能室或分区，组合布局基本合理；超过200平方米的实验楼层有至少两处紧急出口，75平方米以上实验室须有两个出入口，实验室的门扇可向外或里外双开；实验室操作区层高不低于2米；实验生均占有实际使用面积不小于2平方米（理工农医类）；有实验用房明细表（楼号、楼层、房间号、面积数）。	2
	6.1.2消防与逃生	实验室应配备合适的灭火设备，并定期开展使用训练；实验楼大走廊保证留有不小于2米净宽的消防通道且通道无遮挡；在实验室内显著位置张贴紧急疏散路线图；师生应熟悉紧急疏散路线及火场逃生注意事项，并集中存放、统一管理。	实验室应配备合适的灭火设备，并定期开展使用训练；实验楼大走廊保证留有不小于1.5米净宽的消防通道且通道无遮挡；在实验室内显著位置张贴紧急疏散路线图；师生应熟悉紧急疏散路线及火场逃生注意事项，实验室多数房间均配有应急备用钥匙，并集中存放、统一管理。	实验室应配备合适的灭火设备；实验楼大走廊有不小于1.5米净宽的消防通道且通道无遮挡；在实验室内显著位置设置紧急疏散路线图；实验室多数房间均配有应急备用钥匙。	1
	6.1.3环境卫生	实验室宽敞、明亮、空间布置合理，环境整洁卫生有序；实验设备及工具、器皿摆放合理、整洁有序；有卫生安全值日制度。			1

续表

评估要素	评估要点	A级标准（1.0）	B级标准（0.8）	C级标准（0.6）	分值
6.1实验场所	6.1.4环境保护	实验室内温湿度、采光、噪声、振动和粉尘等条件满足实验室工作条件；有适合本室的废弃物管理办法或规定；实验室废弃物收集和处置科学、规范、准确；实验室内有固定的废弃物暂存处和警示标识。			1
6.2安全设施	6.2.1基础设施	实验室用电安全符合国家标准或行业标准；给水、排水系统和气路管道布置合理，符合国家规范并运行正常；房屋无破损，无危隐患，墙面无脱落、污损；噪声低于70分贝（机械设备可低于75分贝）；基础设施改造项目有学校相关部门审批和验收。	实验室用电安全基本符合国家标准或行业标准；给水、排水系统和气路管道布置合理，基本符合国家规范并运行正常；房屋无破损，无危隐患，墙面脱落、污损面积小于墙面面积的20%；噪声低于70分贝（机械设备可低于55分贝）；基础设施改造项目有学校相关部门审批和验收。	实验室用电安全基本符合国家标准或行业标准；给水、排水系统和气路管道布置合理，基本符合国家规范并运行正常；房屋无破损，污损面积小于墙面面积的30%；噪声低于55分贝（机械设备改造项目无相关部门审批和验收，但符合相关标准。	1
	6.2.2安全设施	根据实验教学性质，配备齐全的安全器材、安全应急设施和解救装置，并安放得当，便于取用；重点实验场所，如存有危险化学品、核材料、病原微生物、放射源存放点、有安全监控设备；有需要的实验场所的实验室须配门禁和检查记录；配备符合设计规范的通风系统；配备急救物品，且在保质期内；三年内无安全事故发生。	根据实验教学性质，配备较齐全的安全器材、安全应急设施和解救装置，并安放得当，便于取用；重点实验场所，如存有危险化学品、核材料、病原微生物、放射源存放点、有安全的实验场所；实验室须配门禁；有部分安全设施的维护和检查记录；配备急救物品，且在保质期内；三年内无安全事故发生。	根据实验教学性质，配备了部分安全器材、安全应急设施和解救装置；有部分安全设施的维护和检查记录；三年内无安全事故发生。	3

续表

评估要素	评估要点	A级标准（1.0）	B级标准（0.8）	C级标准（0.6）	分值
	6.2.3安全文化	有实验室安全准入制度；有实验室安全警示标示明显，实验室安全信息牌；每年定期开展安全宣传、培训，交流或学习并有相关记录；编印符合本专业安全要求的实验室安全手册；每年开展以创新宣传教育为形式的安全文化建设工作，如微信公众号、安全工作简报、安全文化月、安全知识竞赛、实验室安全评估、安全专项整治活动、微电影等。	有实验室安全准入制度；有实验室安全信息牌，实验室安全警示标示明显；定期开展安全宣传，培训，交流或学习并有相关记录；编印符合本专业安全要求的实验室安全手册；开展过以创新宣传教育为形式的安全文化建设工作，如微信公众号、安全工作简报、安全文化月、安全专项整治活动、实验室安全评估、安全知识竞赛、微电影等。	有实验室安全准入制度；有实验室安全警示标识明显，实验室安全信息牌；开展过安全宣传、培训、交流或学习活动并有相关记录；编印符合本专业安全要求的实验室安全手册。	1

七、特色[14]（满分10）

评估要素	评估要点	A级标准（1）	分值
7.1实验中心建设效果	7.1.1具有辐射、示范作用	在实验（实习）教学、师资队伍、管理模式、设备共享及环境安全等方面的改革与建设中具有自身特色，并取得了显著成果，能够为全校实验教学提供经验并起到示范引领作用。	5
7.2社会资源利用及服务	7.2.1社会资源利用及服务	充分利用社会资源，积极探索产教研融合，并取得较好成果；开展社会服务，大力发展信息化建设，承担国内外交流或培训活动；承办国家级、省级大学生实验教学相关竞赛等。	5
7.3自选			

《吉林大学实验教中心评估标准》注解

[1] 本标准设置A、B、C、D级，达不到C级要求的评估要点，即评为D级，不得分。各评估要点的要求标准中，评分点之间用"；"号隔开，同时满足每个评分点，才能达到等级要求。

[2] 评阅任命文件、教学任务书、教研科研数据表。

[3] 考察档案齐全程度，采取抽检方式。合格率100％为A级；合格率80％为B级；合格率60％为C级。

[4] 中央高校改善基本办学条件以《中央高校改善基本办学条件专项资金项目申报书》、采购合同和固定资产清单为依据；学院经费投入以采购合同和固定资产清单为依据。

[5] 要求实验教学中心每学期须制定《实验教学执行计划》。评估时专家考查原始的纸质版或电子版计划。以往学期如没有，教学任务书（统计）可作为执行计划的佐证资料。

[6] 调串课是指不按课表规定时间与进程上实验课，要求有报批与补救安排，记录完备。调串课不得影响实验教学效果。

[7] 集体备课情况考察相关记录、总结等材料。

[8] "实验教学资格认定制度"是指对教师指导实验、承担实习教学的能力认定，通过认定的实验教师，才有资格承担实习教学任务；实验技术人员，根据校相关人员岗位职责规定，考核其实践教学能力，考核通过则取得验资格。校相关人员岗位职责规定，考核其实践教学能力通过则取得验资格。资格认定可针对实验课程、实践环节或实验项目。

[9] 凡新设、撤销或调整功能的实验室，增加、取消内容项目均应预先进行安全风险评估；所有在用实验室及项目根据具体情况定期进行安全风险评估。

[10] 列举科研成果或生产应用项目转化的实验项目；列举更新或改进实验项目。公共基础实验教学项目要求按课程特点考查。

[11] 积极承担大创、竞赛、开放性创新实验等课外教学任务，考察在实验考察在实验教学中心开展的项目、取得的成果、获奖等佐证。受益人数由中心总结，专业类实验教学中心达到所服务专业年级人数50％以上受益者，则可认定达到A级，30％为B级，20％为C级；学科基础实验教学中心，支持大创项目或学科竞赛、有开放实验，运行良好，覆盖年级人数10％以上受益者，则可认定达到A级，5％为B级，

3%为C级；公共基础教学中心，有开放实验项目，或支持学科竞赛、大创项目开展，运行良好，覆盖年级人数2%以上受益者，则可认定达到A级，1.5%为B级，1%为C级。申报书、结题报告、实验报告、工作总结等佐证材料规范齐全。

[12] 仪器设备使用记录本要求1万元以上仪器均须配备。1万元以下仪器，中心自定是否配备使用记录本。

[13] 根据《高等学校实验室安全检查项目表（2021）》的要求，并结合实验教学中心性质进行现场检查。

[14] 特色分不计入总分。

五、本科实践教学督导办法

本科实践教学督导办法遵照《吉林大学教育教学督导工作实施办法》（校发〔2021〕73号）执行。

第一章 总 则

第一条 为全面加强学校教育教学质量管理，深化教育教学督导体制改革，进一步推进教育教学督导工作的规范化、制度化、科学化和常态化，根据中共中央办公厅、国务院办公厅《关于深化新时代教育督导体制机制改革的意见》精神，结合学校实际，制定本办法。

第二条 吉林大学教育教学督导体制改革以习近平新时代中国特色社会主义思想为指导，紧紧围绕立德树人根本任务，以基本建成全面覆盖、运转高效、结果权威、问责有力的高等教育督导体制机制为目标。

第三条 吉林大学教育教学督导工作根据学校本科教育和研究生教育的发展目标和定位，加强教育教学质量管理，充分发挥教育教学督导在本科和研究生教育改革和质量提升中的作用，切实履行教育职责，为改善教学管理、优化教学决策、指导教学工作提供科学依据，促进学校本科和研究生教育教学水平与人才培养质量不断提升。

第二章 督导组织与专家聘任

第四条 学校成立吉林大学教育教学督导委员会，将本科教学督导和研究生教育督导合二为一，统一建设校级教育教学督导队伍，同时监督指导本科生和研究生教育教学工作。

第五条 吉林大学教育教学督导委员会由50名左右校级教育教学督导专家（以下

简称为督导专家）组成。校级教育教学督导委员会设主任委员1名，副主任委员若干名。按学部分为若干个督导组，根据学校要求开展教育教学督导工作。

校级教育教学督导委员会办公室挂靠设在教务处，教务处和研究生院分别负责协调教育教学督导委员会日常本科和研究生督导工作事务。

第六条　根据学校学科、专业设置及校区分布情况，成立各学部督导组，负责本学部的本科生和研究生教育教学督导工作。

（一）人文学部督导组：由人文学部各学院的督导专家组成；

（二）社会科学学部督导组：由社会科学学部各学院的督导专家组成；

（三）理学部督导组：由理学部各学院的督导专家组成；

（四）信息学部督导组（含南湖校区）：由信息学部各学院的督导专家组成；

（五）工学部督导组：由工学部各学院（食品科学与工程学院除外）的督导专家组成；

（六）地学部督导组：由地学部各学院的督导专家组成；

（七）医学部督导组：由医学部各学院的督导专家组成；

（八）农学部督导组：由农学部各学院和食品科学与工程学院的督导专家组成。

督导组成员学科分布及具体名额分配，原则上每个学院1名，力求对所有学院和学科的全覆盖。

第七条　校级教育教学督导专家的聘任，须经学院推荐、学部初审、教务处和研究生院联合审核、校长批准后，学校予以聘任。每届聘期两年，可连续聘任。因工作需要，个别督导专家可由校长直接提名聘任。

第八条　督导专家聘任基本条件如下：

（一）热爱教育事业，深刻领会党的教育方针政策，治学严谨，师德高尚，责任心强；

（二）关心教育教学改革发展，教学理念新，跟踪了解国家和学校教育教学改革动态；

（三）具有较强的组织管理能力和教学评估水平，善于开展教育教学督导和教学改革咨询，处事公正，敢于发表意见；

（四）具有从事本科生和研究生教育教学或教学管理工作经历，原则上要求具有正高级职称的在职或退休教师和教学管理人员，在职人员比例占1/3左右；

（五）身体健康，退休教师和教学管理人员年龄一般不超过70周岁。

第九条 督导专家在聘期内，因特殊情况可提出辞聘申请；对未能履行职责者，学校可提前解聘。

第三章 督导工作职责与任务

第十条 教育教学督导工作本着"客观、公平、公正"的原则，遵循教育规律，聚焦教育教学质量，按照学校本科教学和研究生教育管理工作有关制度和规范，对全校本科学生课堂教学质量、实验教学质量和研究生教育教学及人才培养过程中的关键环节进行监督、检查、评估及信息反馈，为学校本科教学和研究生教育工作的发展、改革、建设提出建议和意见。

第十一条 校级教育教学督导委员会既督导本科教学，也督导研究生教育培养；既督教，也督学、督管；重点督导教学标准规范、教学管理规章制度执行情况等。督导任务主要包括以下几方面：

（一）定期或不定期检查督导本科课堂教学；

（二）检查督导本科实验实践教学及毕业论文（设计）；

（三）参加期末考试巡考促进学风考风建设；

（四）参加本科课程考试试卷复查工作；

（五）检查督导研究生课程教学；

（六）检查督导研究生培养过程相关环节（学位论文开题、中期考核、预答辩、答辩等）；

（七）检查督导研究生学术道德与学风建设情况；

（八）参与校内的教学水平和教学质量评估；

（九）开展教学专项调研，提出政策咨询意见和教改建议；

（十）学校赋予的有关本科教学和研究生培养的其他督导任务。

第十二条 督教检查

（一）教学组织情况检查：教学检查周主要检查学院课程安排情况，教师备课情况，教材选用情况，教师授课质量情况等。

（二）听课查课：督导专家进行随机听课查课，检查教师授课情况，听课后及时对授课教师的课堂教学情况进行客观、公正的评价，并将自己的意见和建议在课后与授课教师进行沟通。

（三）青年教师培养：督导专家要着力加强对青年教师培养工作的指导和监督。不定期抽查青年教师教案、教学大纲等资料，开展针对性的听课评课，全面了解青年教师在备课、授课、辅导、指导实践、组织考核等主要教学环节的实施情况，提出整改建议和意见，帮助青年教师不断提升教学能力。

第十三条 督学检查

（一）学风检查：检查学校、院系的本科生和研究生学风建设情况，深入课堂听课查课，检查学生到课率及学习情况。

（二）考风巡查：检查学校考风教育情况，期末考试周巡查学校考风考纪情况。

第十四条 督管检查

（一）教学档案资料检查：对试卷、毕业论文及其他教学文件档案等进行检查，总结检查中出现的问题并反馈给相关教学单位和教务处。

（二）教学条件检查：每学期到各教学楼、实验室、图书馆等教学场所巡查，对学校及教学单位的教学保障条件（教学设施、桌椅、窗帘、照明、卫生状况等）、实验设备、实验条件、课程设计教室及条件等情况进行检查，发现问题及时向有关部门反映，提出建议和意见，以确保教学工作的顺利进行。

（三）专项调研：对学校本科教学和研究生培养中存在的重点问题、突出问题等进行专项调研，为相关部门提供决策依据。

（四）评估活动：参加学校或各教学单位组织的教学水平评估等活动，并提出规范教学秩序、深化教学改革、改进教学管理、提高教学质量等方面的建议。

第四章 督导工作要求

第十五条 教学督导要遵循教育教学规律，坚持综合督导与专项督导相结合、过程督导与结果督导相结合、日常督导与随机督导相结合，不断提高教学督导的针对性和实效性。

第十六条 督导专家与被督导对象有利害关系或亲属关系，且可能影响督导结果的公平性时，应该回避。

第十七条 督导专家在执行督导任务时，应佩戴"吉林大学教育教学督导专家"督导牌；进行督导工作过程中，尽量减少影响正常课堂教学的情况。

第十八条 督导专家原则上每周听课3节次（含本科生、研究生），每学期听课不少于30门次。

第十九条 督导专家每次督教、督学、督管检查结束后要及时进行督导反馈。听课后要填写《吉林大学教育教学督导听课记录》，对课堂教学情况、教师教学状态、学生学习状态、实验实习课程情况、教学设施、校院教育教学管理等工作中存在的不足提出建议和意见；对教学单位和教学工作人员在教学改革、教学建设和教学管理、教书育人等方面的先进经验予以介绍和推荐；并于检查结束后尽快将督导记录情况提交教务处和研究生院，以便于学校进行汇总并将总结报告反馈给各有关单位。

第二十条 督导专家对各教学单位和研究生培养单位的督导意见，可以要求被督导单位提出改进措施，并跟踪督导。

第二十一条 学校教育教学督导委员会每学期根据情况召开1-3次全体督导专家工作例会。每学期每位督导专家向学校提交一份书面总结，汇报教育教学督导工作执行情况，对本科教学和研究生培养中的教师教学状态、学生学习状态等进行评估，对学校教学管理工作提出建议。

第二十二条 学校的研究生教育教学督导的相关工作要紧密依托各培养单位教育教学督导组，根据相应的督导职责开展相关工作。

第五章 督导考核与经费保障

第二十三条 学校每学期对督导专家进行考核，由教务处和研究生院负责组织对校级教育教学督导专家的考核工作。

第二十四条 校级教学督导经费单独纳入学校预算，由教务处和研究生院根据督导专家承担本科教学督导和研究生教育督导工作情况，按照学校的教学督导津贴标准，按月为校级督导专家计发督导薪酬。

第六章 附 则

第二十五条 本办法由教务处和研究生院负责解释。

第二十六条 本办法自公布之日起施行。

六、本科实践课程教学质量监控

本科实践课程教学质量监控依据《吉林大学本科课堂教学质量监控办法》（校教字〔2016〕105号）执行。

实践教学质量监控是全面提高教学质量的关键。为保证学校正常教学秩序，加强教学过程管理，提高课堂教学质量，特制定本办法。

（一）课堂教学质量监控的目的

课堂教学质量监控的目的是通过对各门课程的课堂教学情况进行全面、动态的检查和评价，提高教师授课水平，改善课堂教学效果，促进建立良好的教风和学风，从而提高课堂教学质量。

（二）课堂教学质量监控的任务

课堂教学质量监控的主要任务包括：加强教学过程监控，发现和解决影响教学质量的主要问题；引导教学改革和建设，引导教师贯彻落实教学改革精神，固化教学改革成果；及时反馈监控结果，为改进教学管理、加强课程建设提供质量管理信息。

（三）课堂教学质量监控的组织

课堂教学质量监控实行校、院两级管理。教务处负责课堂教学质量监控的总体组织和管理，学院（中心）负责具体实施。课堂教学质量监控的组织体系如下：

1. 教学管理组织体系。教务处、各校区教务办、各学院（中心）、各系（教研室）分工负责，明确职责，密切配合，对课堂教学工作进行管理和监控。

2. 校院教学督导体系。学校和学院聘请有丰富教学和管理经验的教师组成校、院两级督导队伍，负责督教、督学和督管工作。

3. 同行教师评价体系。由学院组织系主任、教研室主任等同行教师，负责进行主讲教师的聘任、教师试讲和教学效果评价工作。

4. 学生协理员反馈体系。建立校、院两级学生协理员组织，负责反馈学生对教学工作的意见和建议。

（四）课堂教学质量监控的程序

1. 学期初监控。每学期开学前，教务处、各学院（中心）和相关部门对教学设施、实验设备和教学基本条件进行检查；各学院（中心）全面布置和安排课程计划，检查任课教师安排、教材到位情况、教师教案（讲稿）及教学日历等。

2. 学期中监控。学校组织校级督导员和各校区教务办公室对各学院（中心）的教学管理规范化情况、课堂教学情况以及教学设施等进行检查；组织进行学生网络评教工作，获取学生对教师和课程的意见和建议，调查学生对教师课堂教学效果的满意率；组织学生协理员对学期课堂教学情况的反馈工作。

各学院（中心）进行教师课堂教学、教学任务及教学管理文件执行情况检查；组织系（教研室）的同行教师听课，获取课堂教学信息；进行学生问卷调查，组织学生座谈会等，如实反映授课教师的教学情况，及时将同行教师和学生的意见反馈给任课教师。

3. 学期末监控。学校、学院分别召开考试工作会议，加强考风考纪动员，贯彻落实考试工作管理文件和校、院两级考试管理责任制度，组织考试工作检查。各学院（中心）组织进行试卷检查和成绩分析，做好考试工作总结。

4. 不定期监控。教务处和学院（中心）组织教学和学生管理人员、督导员、同行教师、学生协理员等进行不定期课堂教学检查，全面了解课堂教学情况，及时发现和解决课堂教学存在的问题。

（五）课堂教学质量的反馈与改进

各级质量监控人员在阶段性监控和不定期监控结束之后，应将监控检查的结果及时反馈至相关学院（中心）和教师，以利于其改进教学工作。

在学期末，教务处汇总整理校领导、校级管理人员、校级督导员、学生协理员的课堂教学质量评价信息，反馈给各教学单位。各学院（中心）汇总整理院领导、院督导、同行教师及教务处提供的教师课堂教学质量评价信息，召开专项课堂教学工作研讨会、学生座谈会等，全面总结课堂教学的经验、存在的问题，制定质量改进的措施。

（六）本办法自公布之日起施行，由教务处负责解释。

第七部分

实践教学改革管理

一、本科实践教学质量提升计划

本科实践教学质量提升计划按照《吉林大学一流本科实践教学提升行动计划（2021—2025年）》执行。

为深入贯彻落实党的十九大，十九届二中、三中、四中、五中全会，全国教育大会和新时代全国高等学校本科教育工作会议精神，坚持立德树人根本任务，进一步加强和改进新形势下本科实践教学工作，强化本科生实践能力培养，提升我校实践育人水平，根据《教育部关于深化本科教育教学改革全面提高人才培养质量的意见》（教高〔2019〕6号）、《教育部等部门关于进一步加强高校实践育人工作的若干意见》（教思政〔2012〕1号）、《教育部关于一流本科课程建设的实施意见》（教高〔2019〕8号）、《吉林大学关于加快建设一流本科教育构建高水平人才培养体系的实施意见》（校发〔2019〕225号）等文件，结合学校实际情况，制定本行动计划。

（一）指导思想

坚持以习近平新时代中国特色社会主义思想为指导，深入学习贯彻习近平在全国高校思想政治工作会议、全国教育大会、学校思想政治理论课教师座谈会上做出的一系列重要指示精神，按照"五位一体"总体布局和"四个全面"战略布局，增强"四个意识"、坚定"四个自信"、做到"两个维护",坚持和加强党对教育工作的全面领导,加快推进教育现代化。以立德树人为根本,以提高人才培养质量为核心,以服务国家重大战略需求为导向,推进实践教学改革与创新,培养有家国情怀、有批判性思维、有创造创新能力、懂交流、善合作,不辜负新时代的建设者。

(二)目标任务

以一流本科教育建设为引领,以人才培养方案修订和质量管理建设为抓手,全面深化本科实践教学改革,建立一流的本科实践教学制度体系、培养模式、课程体系、师资队伍和条件保障,全面提高实践育人质量。

(三)主要措施

1. 实施一流实践教学人才培养体系构建行动。坚持把思想政治教育贯穿人才培养全过程,通过融合研究、融合学习和融合实践模式,开展本研融合、科教融合、产教融合、学科交叉等实践教学,深化科教融合协同育人。强化实验课程和实验项目的科学性设计,建立健全实习教学运行管理机制,坚持课内培养与课外培养相结合,全面构建由科研实践、社会实践、创新创业、劳动教育、学科竞赛、专业拓展、交流访学、校园文化活动等多元化形式组成的全新课外实践教学体系。实施多元个性化人才培养,启动本科生科研训练计划,即"Student Research Training"(SRT计划),根据学生的学习兴趣、研究方向、个人发展进行合理规划,激发学生的学术志趣与科研潜力,建立良好的实践教学生态。各教学单位要依据实践教学大纲每学年更新本科培养方案中实践教学内容,按照教育部规定的人文社会科学类本科专业的实践教学不少于总学分(学时)的15%、理工农医类本科专业不少于25%的相关要求,提高实践教学学分比例。全面落实本科专业类教学质量国家标准对实践教学的基本要求,加强实践教学管理,提高实验、实习和毕业论文(设计)质量。

2. 实施实践教学平台建设行动。深入推进"新工科、新医科、新农科、新文科"建设,促进"四新"交叉融合,根据不同学科专业特点,将新材料、新工艺、新手段、新方法纳入实践教学内容,探索产学合作协同育人新机制。持续支持国家级实验教学示范中心和教育部-华为"智能基座"产教融合协同育人基地建设,充分发挥国家级实践教学平台的示范引领作用,重点建设5个创新型、国际化产学合作育人实践教学基地,5个共享型、综合型实习实训基地,20个"四新"实验室。利用全校各类科研实验室及校内外实践教学平台资源,推动实践教学改革,以高水平实践教学平台支撑高质量人才培养。建立各类实验室共享开放机制,促进科研反哺教学。

3. 实施实践教学一流课程打造行动。根据国家"双万计划"，结合课程思政建设，大力支持实践教学课程研究与改革，深入推进"课堂革命"和"质量革命"。建设和培育国家级实践教学课程和项目，重点建设100门实验、实习等实践教学一流课程。加强虚拟仿真实验平台和课程资源建设，大力推动虚拟仿真实验教学改革与应用，重点建设和培育50个国家级虚拟仿真实验教学项目。"吉林大学实践教学团队奖"获奖团队每学年开设一门实践教学示范课程，做好标杆引领。加强实践教学教材资源建设，设立实践教学教材建设项目，评选20个校级实践教学优秀教材，支持建设50项数字化、立体化实践教学资源开发项目。将一批优秀教材、课程、案例库等教学资源充分融合，打造共享教学资源库。

4. 实施教师实践教学能力提升行动。深化新时代师德教风建设，充分发挥教师教学发展中心作用，构建系统化、制度化、常态化的教师培训体系，实现对新入职教师、青年教师及实验技术人员的全员规范化培训。匡亚明、唐敖庆学者等高层次人才须担任本科生"学术导师"或"学业导师"，开设"开放交流时间"，即"Open Office Hour或Open Online Hour"。学校每学年召开本科实践教学工作会议，每学期组织开展实践教学研讨会和师生座谈会，建立"吉大师生发展共同体"。鼓励教师积极参与各类产学合作协同育人项目及海外研修项目，探索推进"虚拟教研室"项目建设，每年支持20项实践教学改革研究与建设项目。将教师日常指导学生实验实习、创新创业、社会实践、各类学科竞赛等实践教学工作计入教学工作量，纳入年度考核体系，提高教师实践教学课时量化标准，每年评选"吉林大学实践教学团队奖"。

5. 实施学生实践能力强化行动。切实加强学风建设，教育引导学生带着使命学习，"厚基础、重实践、严要求"。充分利用我校科研优势、人才优势和资源优势，开辟实践教学"第二课堂"，组织学生积极参加实践教学一流课程、大学生创新创业训练计划和本科生科研训练计划，利用校内外实践教学基地开展学生竞赛培训、技术沙龙、经验交流、创新工坊、师生座谈会等多元化实践活动，组织学生参加社会调查、生产劳动、志愿服务、公益活动、科技发明和勤工助学等课外实践活动，增强学生主动学习、合作学习、终身学习能力。支持并资助学生参与国内外科研训练项目，支持学生赴校外开展毕业论文（设计）研究。启动"全球胜任力"实践教学项目，通过开展国内外高校交换学习、假期海外实验室研修、实践课程研修等国际教育项目，提升学生的全球胜任力。根据学生不同特点，为实践能力强、创新创业能力强的学生提供荣誉实践课程或荣誉实践项目，培养拔尖创新型、复合应用型和实用技能型人才，并给予支持和奖励。

6. 实施实践教学质量管理建设行动。进一步完善实践教学制度化建设，制定全校实践教学质量标准体系，推动各教学单位结合不同学科专业特点及要求，完善本单位实践教学管理制度及实施细则。建立多部门联动的实践教学评估检查机制，针对实践教学体系、教学方法、教学运行、教学效果等方面，组织督导专家开展实验教学中心评估及仪器设备效益评价检查。对本科毕业论文（设计）实行全过程质量管理，严肃处理各类学术不端行为，每年抽取本科毕业论文（设计）开展校内外盲评（审）工作。落实实习教学环境保护机制，充分考虑实习安全潜在风险，组织督导专家开展实践教学场所的安全评估检查，指导各教学单位编制各类实验实习课程安全操作手册。建立本科实践教学研究生助教制度，每学年末组织师生开展实践教学反馈，切实将质量意识、质量标准、质量评价、质量管理等落实到实践教学各环节。

（四）组织实施

1. 明确责任主体。加强组织领导，学校组建"吉林大学本科实践教学行动计划"领导小组和工作组，各教学单位成立工作专班，切实将行动计划落到实处。充分发挥各级教学委员会作用，为学校实践教学建设的相关决策提供有力支撑。

2. 加强经费保障。充分有效利用中央高校改善基本办学条件专项资金、中央高校教育教学改革支持经费、双一流建设经费等经费支持，统筹规划、科学管理；积极利用学校、社会及校友的各种有效资源，深入挖掘校内外潜力，积极争取经费支持，建立多元化筹资渠道。

3. 开展督导检查。建立实践教学建设项目实施情况的跟踪、督导机制，学校督导专家组每年组织开展专项督导检查，确保各实践教学建设项目顺利开展，按照学校有关规定对先进典型予以表彰奖励，对实施不到位的要追究相关负责人的领导责任。

各教学单位要根据实际情况制定相应实施办法，将本行动计划的要求落到实处。

二、一流本科实践教育教学体系建设

一流本科实践教育教学体系建设依据《吉林大学关于加快建设一流本科教育　构建高水平人才培养体系的实施意见》执行。

为深入贯彻习近平新时代中国特色社会主义思想和党的十九大精神，坚持教育为人民服务、为中国共产党治国理政服务、为巩固和发展中国特色社会主义制度服务、为改革开放和社会主义现代化建设服务，准确把握高等教育基本规律和人才成长规律，落实全国教育大会和新时代全国高等学校本科教育工作会议精神，以"回归常识、回归本分、回归初心、回归梦想"为基本遵循，强化"以本为本"，加快建设一流本科教育，按照教育部《关于加快建设，高水平本科教育全面提高人才培养能力的意见》等文件精神，结合学校实际情况，制定本实施意见。

（一）落实"以本为本"，着力建设一流本科教育

1. 确立本科教育优先发展理念。本科教育是大学的根和本，一流本科教育是一流大学和一流学科的有力支撑。本科阶段是青年学生世界观、人生观、价值观形成的关键时期，高质量的本科教育是一所大学办学水平的长远体现。从确立本科教育在人才培养的核心地位、教育教学的基础地位、新时代教育发展的前沿地位角度出发，确立本科教育优先发展的理念，通过转变教育思想观念和强化制度创新，形成全校重视本科教育的良好局面。做到学校领导注意力首先在本科聚焦；教师精力首先在本科集中；学校资源首先在本科配置；教学条件首先在本科使用；教学方法和激励机制首先在本科创新；核心竞争力和教学质量首先在本科显现；发展战略和办学理念首先在本科实践；核心价值体系首先在本科确立。

2. 营造人才成长三种环境。坚持"立德树人、学生为本，内涵发展、模式创新，提高质量、追求卓越"的指导思想，遵循教育规律和人才成长规律，按照培养德智体美劳全面发展的社会主义建设者和接班人的要求和"志高远、敢担当、基础厚、能力强、会创新、适应广"的育人理念，营造完善"学科综合环境、创新环境和开放环境"三种环境，弘扬和传承吉林大学的红色基因和本科教育的传统优势、学科综合的学术优势，为学生发展提供多元化的成长路径。

3. 构建高水平人才培养体系。以"回归常识、回归本分、回归初心、回归梦想"为基本遵循，全面梳理影响本科教育改革发展的本科教学基础地位不巩固，领导精力、教师精力、学生精力、资源投入不到位，评价标准和政策机制导向不够聚焦等问题，着力形成系统全面的工作理念，在思想政治教育、专业建设、课程建设、课堂教学、实践教学、创新创业教育、开放育人、教师教学发展、质量保障和教学管理等方面形成工作体系，促进人才培养能力和培养质量全面提升。

（二）落实立德树人，形成"三全育人"的思想政治教育体系

4. 将思想政治教育贯穿人才培养全过程。落实《吉林大学"三全育人"综合改革建设方案》。以习近平新时代中国特色社会主义思想为指导，以培养什么人、怎样培养人、为谁培养人这一根本问题为落脚点，突出世界观、人生观、价值观教育，把社会主

义核心价值观融入人才培养全过程，构建主线清晰、理念先进、定位精准、体系完备、队伍精干、模式创新、重点突出、措施到位的思想政治工作体系，形成"全员、全过程、全方位"的思想政治教育育人格局。加强国家意识、民族意识、法治意识和专业思想教育、健康教育、优秀传统文化教育、美育教育、劳动教育和生态文明教育；以增强学生社会责任感为重点，加强理想信念教育、道德情感教育、艰苦奋斗教育、志愿服务教育，教育学生担负起政治责任、社会责任、公益责任。

5. 加强思想政治理论课建设。贯彻落实《吉林大学思想政治理论课建设体系创新计划实施方案》，整体推进思想政治理论课建设和思路攻坚、师资攻坚、教材攻坚、教法攻坚、机制攻坚。推动习近平新时代中国特色社会主义思想和党的十九大精神进教材、进课堂、进头脑，加强思想政治引领和价值引领。加强教学管理，严格按照《新时代高校思想政治理论课教学工作基本要求》设置学时和学分，合理设置教学班级规模。创新思政理论课教学理念、模式和方法，利用现代信息技术，推进在线混合式教学，开展考核评价方式改革。制度化开展大学生讲思政课大赛，提升思政课亲和力和针对性，满足学生成长发展需求和期待。

6. 强化全课程思政建设。以"课程思政"为目标，落实《吉林大学统筹推进课程育人体系建设实施方案》，梳理各门专业课程所蕴含的思想政治教育元素和承载的思想政治教育功能，形成专业课教学与思想政治理论课教学紧密配合、同向同行的育人格局。根据不同专业人才培养特点和能力素质要求，全面修订课程教学大纲，科学合理设计课程思政内容，发挥课堂教学潜移默化的育人作用。倡导教师集体备课、相互听课和名师引领，设立学科育人课程思政项目，强化团队攻关，打造一批课程思政示范课堂，选树一批课程思政优秀教师。把"马工程"教材纳入相关专业人才培养方案，推进"马工程"教材全面使用。

7. 发挥第二课堂的育人功能。推进第二课堂与第一课堂一体化制度构建和理论研究，加强第二课堂工作队伍建设，开展课程设计、系统开发、基地搭建、平台拓展等工作，构建理念先进、定位准确、模式新颖、重点突出、体系完备、措施到位的第二课堂工作格局。构建"思想成长类、社会实践类、创新创业类、文体艺术类、社团活动类和能力拓展类"六种类型的第二课堂育人体系。完善课外培养计划，为学生打造"第二课堂成绩单"，客观记录、有效认证、科学评价学生参与第二课堂活动的经历和成果，使之成为人才培养评估、学生综合素质评价、社会单位选人用人的重要依据。

8. 打造思想政治教育人才队伍。以重点马克思主义学院建设为平台，打造一支政治强、情怀深、思维新、视野广、自律严、人格正的思想政治教育教师队伍。积极推动马克思主义理论学科优先发展，建立学士、硕士和博士三级学位相衔接的完善的马克思主义理论人才培养体系，系统培养马克思主义理论人才。落实《吉林大学学院学生工作和辅导员工作考核实施办法》和《吉林大学本科生指导教师工作办法》，加强学生管理队伍与教学管理队伍合作，健全辅导员、班主任、本科生导师三支队伍的培养和岗位考核评价体系，配备兼职辅导员。

9. 强化管理和服务育人。以服务学生、服务教师、服务教学、服务一线为导向，统筹教书育人、管理育人与服务育人三个工作体系。把管理服务与教书育人相结合，把显性教育与隐性教育相统一，凝聚"三育人"形成合力。选树一批管理育人、服务育人的先进典型，培育一批吉林大学"管理育人示范岗"和"服务育人示范岗"，不断加强和改进管理能力和服务水平，形成适应学校发展和人才培养需要的高效能的公共服务体系。

（三）建设一流专业，构建结构合理的本科专业体系

10. 推进一流本科专业建设。对标世界一流大学人才培养质量要求，突出优势、强化特色，同步一流学科实施一流本科专业建设，建成60个以上代表吉林大学水平的一流本科专业，带动学校专业建设整体水平全面提升。形成"学科-专业""本科-硕士-博士""招生-培养-就业"的联动机制，围绕教学内容、课程体系、教学梯队和教学条件等专业基本要素，推动专业建设内涵发展。探索实施本科专业建设负责人制，加强本科专业建设管理，完善本科教学基层组织建设和教学工作责任体系。开展本科专业认证工作，在工程、医学专业认证基础上，推进各类专业进入本科专业认证体系。

11. 优化调整本科专业结构和布局。依据"普通高校本科专业质量国家标准"，结合经济社会发展和行业需求等大数据，加强专业内涵建设，提升专业建设资源投入的效益。积极发展同新一轮科技革命与产业变革相关的新专业，推进新工科、新医科、新农科和新文科专业建设，积极发展新兴战略和学科交叉专业。持续建设基础学科相关专业，优先建设特色品牌专业，保证传统优势专业健康发展。健全专业动态调整机制，淘汰一批重复建设、弱势且又对学科生态没有支撑作用的专业，逐步把全校本科专业数量控制在100个以内。

12. 定期更新专业教育培养方案。依据反映毕业学生职业状态和专业成就的培养目标和反映毕业生所掌握知识、能力、素质的毕业要求，科学设计各专业课程体系。坚持"夯实基础、拓宽口径、尊重个性、多元培养、全面发展"的理念，实现通识教育与专

业教育的有机结合，探索形成思想素质、知识结构、创新能力、科学思维和人文素养融合发展的课程体系。优化人才培养途径，通过精选专业核心课程、增加选修课程、降低学分要求等，合理设置模块化专业培养方案，扩大学生自主学习空间，增加多元化发展可能。通过毕业生跟踪调查、了解用人单位信息反馈，不断优化人才培养方案，保证人才培养规格。

13. 创新学术型拔尖人才培养机制。落实"基础学科拔尖人才培养计划"2.0，基于唐敖庆理科试验班的模式和经验，在文学和史学、PPE（哲学政治学经济学）、地质学、地球物理学、基础医学等专业拓展建设匡亚明班、李四光班、白求恩班。按照"导师制和小班化、个性化、国际化"（一制三化）要求，创新学术型人才成长和培养机制，为基础科学研究和教学人才储备后备力量。加大前沿课程在培养方案中的占比，鼓励学生早进课题、早进实验室、早进科研团队，鼓励学生开展基础性研究，探索学术前沿，夯实学生基础研究学术根基。

14. 加大应用型卓越人才培养力度。深入实施"卓越人才培养计划"2.0，围绕卓越工程师、卓越医生、卓越法治人才、卓越新闻人才、卓越农林人才等卓越计划项目，培养文理交叉、理工融合、医工结合的复合型应用人才。强化学生基本理论、基本知识、基本技能的培养，鼓励学生参加生产实习、社会实践、创新创业、学术竞赛等活动，激发学生创新思维和实践能力。推行青年教师参加企业实践制度和吸收有企业背景的工程技术人员担任教师制度，培养一批实践能力强的复合型专业教师。开设一批体现产业和技术最新发展的新课程，搭建集教育、训练与研究为一体的共享型实践平台，拓展实践教学资源。

15. 实施按大类培养模式改革。夯实学科基础，拓宽专业口径，优化人才培养模式和课程体系，满足学生个性化、多元化发展需求，为学生的长远发展奠定基础，进一步推进学院内按专业类培养改革。依据"尊重意愿与成绩择优相结合、自由选择与规模控制相结合、专业优化与适当保护相结合、公平公正与公开透明相结合"的原则，完善专业分流机制。发挥学院主体作用，加强对学生学业发展和人生规划指导，引导学生理性选择专业；通过专业分流选择机制，激发学生的学习动力和专业志趣，鼓励本科学生攻读硕士学位，提高本科学生深造率。

16. 建立专业荣誉学位培养制度。在本科专业培养方案中，并行建立荣誉课程体系和普通课程体系，强化对荣誉课程高阶性和创新性的探索，增加课程难度、拓展课程深度、提升学业挑战度。鼓励高水平教师开设荣誉课程，鼓励学生选读荣誉课程，修读荣誉课程可获得荣誉学分，增强学生学习的荣誉感和主动性。实施"荣誉学位计划"，对于完成一定数量荣誉体系课程的学生，毕业时获得学校颁发的荣誉学位证书。

（四）更新教学内容，形成共享融通的课程建设体系

17. 系统推进课程建设。发挥学院在课程建设规划中的主体作用，有目标、分层次、分阶段、系统化开展课程建设。科学制定课程教学大纲，关注教材、教学内容、教学方式和教学效果评价等内涵指标，全面梳理各门课程间的知识架构和逻辑关系。实施课程准入制度，规范新开设课程和新开课教师的准入审核，严格课程质量标准。加强课程团队建设，建设老中青相结合的课程教学梯队，设立公共基础课程、专业基础课程任课教师"A、B角"制度，梯队教师集体备课，共同提高课程建设质量。加强课程管理，重视课程档案建设，为保持课程建设的连续性和教学资源的有效传承，为年轻教师开新课提供必要参考。

18. 推进通识教育课程改革和建设。实施"公共基础课程质量提升计划"，按照不同学科专业需求，优化数、理、化等公共基础课程教学内容，设置分层次、分类型的教学模块，满足教学对象的多元需求。通过改革公共外语课程教学模式，增设暑期强化班、开展学术英语教育等，提升学生外语能力和跨文化交流能力；改革公共体育教学，建立以俱乐部为载体的公共体育教育体系；丰富艺术教育资源，唤起审美需求，培养审美趣味，形成审美观念。提升通识教育公共选修课程课程水平，构建卓越工程（医学）通识教育课程体系，强化优秀传统文化教育，培养学生文化素养、科学精神、人文情怀和文化自信。

19. 建设一批创新示范课程。全面梳理各门课程的教学内容、教学方法和教学手段，淘汰"水课"、打造具有高阶性、创新性和挑战度的"金课"，提升课程对专业培养目标和毕业要求的支撑度，为大学生在校学习合理增负。实施"创新示范课程建设计划"，发挥优质课程在课程思政、混合式教学、信息技术应用、教学评价考核、教学资源配置以及科研转化教学等方面的示范引领作用。结合课程示范建设急需，重点打造300门双语（含全英）课程、100门专业导论课程、300门新生研讨课程和50门创新创业教育课程。

20. 实施精品在线课程建设计划。发挥信息技术对教学改革的促进作用，大力推进"慕课"的建、用、学、管，促进教育教学改革变轨超车。引导教师广泛参与精品在线课程建设，高标准建设150门校级精品在线课程，为学生个性化学习提供多样化选择。加大在线开放课程推广力度，发挥精品在线开放课程的示范带动作用；开发虚拟仿真实

验教学项目，集成虚拟仿真实验课程，进行虚拟仿真实验教学。丰富网络课程资源，积极引进国内外优质课程，完善校外在线开放课程学分认定办法。

21. 加强教材建设与管理。实施本科规划教材建设项目，加强教材研究，创新教材呈现方式和话语体系，实现理论体系向教材体系转化、教材体系向教学体系转化、知识体系向学生价值体系转化，使教材更加体现科学性、前沿性、针对性和实效性。制定《吉林大学本科规划教材出版资助办法》，支持学术造诣高、教学经验丰富的学者及实践经验丰富、行业有影响的企业人员参与教材编写，提高教材质量。实施本科优秀教材评选奖励制度，健全教材使用效果的跟踪调查和信息反馈制度。加强教材选用管理，保证公共基础必修课程、学科专业核心课程教材优先在国家公布的目录中选用。

（五）变革学习方式，构建智慧生动的课堂教学体系

22. 推动课堂教学模式转变。以学生为中心，通过课堂教学模式改革促进学习革命。深入调查全校本科课堂教学状况，针对授课班级规模过大等问题，大力推进小班化教学改革，逐步缩小班级授课规模，提高课堂教学效果。引导教师因"课"制宜选择课堂教学方式方法，广泛开展启发式、探究式、讨论式、参与式教学，倡导项目教学、案例教学、问题式教学（PBL）和混合式教学等。恰当运用"BOPPPS"教学模式，将导入、目标、前测、参与式学习、后测、总结等六大模块引入课堂教学过程。

23. 发挥创新课堂示范作用。建设创新性、智慧型教学相长的学习环境，培育100个创新示范课堂，促进教学过程的师生交互与协作，让学生在探究式学习过程中迸发智慧。鼓励教师广泛开展课堂教学方法、模式与手段的创新，组织开展创新课堂教学大赛，组织教师跨学院交叉听课和观摩学习，组织教师开展教学学术和教学能力的研讨，充分展现课堂教学创新成果。

24. 培养学生自主学习能力。运用信息化技术和手机移动端等手段，拓展课堂教学空间，支持学生开展团队协作学习，建立课内与课外、线下与线上、个人与团队相结合的新型学习模式。通过开设新生研讨课、无学分微型讨论课，引导学生向探究式学习转变；推出"两读三记"（读教材、读经典；记课堂笔记、读书笔记和大学日记）学习方式，培养学生的科学精神、读书习惯和文字能力，引导学生端正学风、严谨治学。建立教师与学生之间广泛的课外沟通渠道，引导学生明确课堂教学目标，指导学生完成课外学习任务，健全青年教师、博士生助课工作体系，全面加强对学生的学习指导。

25. 完善课程考核评价体系。科学设计课程考核内容和方式，不断增强学业考试的信度和效度，增强成绩考核的学术性、实践性和探索性。以学生的能力为核心强化形成性评价，从偏重知识考核转变为能力与知识考核并重，从偏重结果考核转变为关注学生的学习过程，加大过程考核在课程总成绩中的比重，通过对学生学习全过程的持续观察、记录、反思而做出发展性评价。修订《吉林大学本科生课程考核管理办法》，根据学科特点探索非标准答案考试改革试点，实施闭卷考试与开卷考试相结合，笔试与口试相结合，答卷考试与课程论文相结合。

26. 搭建网络教学资源平台。发挥信息技术作用，建设资源丰富、开放共享、服务及时的"吉大在线学堂"等网络教学服务平台，为学生提供丰富的开放性网络学习资源。利用网络教学资源，打造适应学生自主学习、自主管理、自主服务需求的智慧课堂、立体化教材、虚拟实验中心和智慧实验室。推动移动教学端的广泛应用，鼓励教师多模式应用，鼓励学生多形式学习，实现信息技术与传统课堂的深度融合。

（六）加强条件建设，构建层级递进的实践教学体系

27. 打造一流的实验教学平台。实验教学中心实行中心主任负责制管理体制，实验教学资源由中心统筹调配使用，开展实践教学日常运行管理和实验教学设备使用效益检查。建设仪器设备先进，实验室环境、安全、环保符合国家规范，具备智能化、网络化、开放服务的资源共享实验教学平台，增加自选实验内容和实验室开放时间，创造学生个性化自主学习的实验条件。重视实验技术队伍建设，建设教学、科研、技术兼容，实验教学与理论教学有序互通，核心骨干相对稳定，结构合理的实验教学团队。支持和完善人文社会学科的实验室建设，探索人文社会学科实验教学体系建设，深化人文社会实验教学改革。以实验室为载体，探索学校与科研院所、行业、企业协同育人的新机制。

28. 构建以能力培养为导向的实验课程体系。围绕新文科、新工科、新医科、新农科的新要求注入新元素，实验教学内容与科研、工程、社会应用实践密切结合，以能力培养为主线，构建分层次、多模块、相互衔接的实验课程体系。改造传统的实验教学内容和实验技术方法，加强综合性、设计性、创新性实验，促进基础实验、综合实验、设计实验、创新实验稳步提升，实验、实训、实习相互结合，课内课外、校内校外、教学科研、科研生产相互衔接，逐步强化学生实践能力、创新能力和创业就业能力。建立适应学生能力培养、鼓励探索的多元实验考核方法，推进学生自主学习、合作学习、研究性学习，全面提升学生认知、应用与探索能力。

29. 实施开放创新实验推进计划。开放实验室资源，推动重点实验室、工程实验室、工程技术研究中心向本科学生开放，强化交叉学科课外实践活动平台建设，吸纳部分学生直接参与科技创新研究。搭建实验精品课程网上助学平台，支撑学生自主实践与实验室的开放运行，每年设立800个开放性创新实验项目，满足综合性、设计性、创新性等现代实验教学的要求。鼓励学生自主提出课题、自主设计课题、自主研究与探索，鼓励本研结合、跨年级、跨学科组队进行"做学研"相结合创新实践活动，让学生在做中学、在学中研、在研中创。

30. 加强校内外实习基地建设。针对专业实践、生产实践教学的需要，建立包含科学研究和产品研发在内的全链条实习基地，形成保证学生有效实习的长效机制。进一步完善一汽集团、中车长客、鞍钢集团、大庆钻探等企事业单位校级实习基地建设和校内工程训练中心、农业实验基地、兴城教学基地等校内实践基地建设。进一步整合校内专业实验室、科研实验室、实验教学示范中心和校外企业、科研单位、开发区等，建立足够量的校内外创新、创业实习基地。

31. 促进教学与科研深度融合。鼓励教师有意识地将学术研究项目分解为适合本科生开展研究的大学生创新创业项目、课程设计项目、创新实验项目和毕业设计项目。倡导将最新科研成果及时转化为教育教学内容，支持学生进课题、进实验室、进团队，在参与科研中学习。加强在科研工作中对本科生的指导，促进科研和教学工作相互配合、相互支持，有效推进科教融合。

（七）整合各类资源，构建产学结合的创新创业教育体系

32. 理顺双创教育体制机制。加强创新创业教育顶层设计，建立"文化引领、制度保障、教学培养、平台实践"的创新创业教育体系、"面向全体、贯穿全程、结合专业、融入模块"的创新创业课程体系、"活动演练、项目训练、企业锻炼、竞赛锤炼"的创新创业实训体系。对标国外先进双创教育模式，在双创生态培育、双创平台搭建、双创文化建设、双创资源共享、双创服务体系建设等环节进行探索，校企合作建设实体化创新创业教育学院。促进校校、校企、校政、校所合作，确保双创教育场地、人员、资金、平台、保障到位，各项改革措施在双创教育关键环节和重点领域先行先试。

33. 系统构建创新创业教育体系。以"国家双创示范基地"建设为抓手，将创新创业教育与专业教育、思想政治教育紧密结合，聚焦"双创"教育改革，着重培养学生的创新创业精神和创新创业能力。开设创新创业教育二学位项目，结合课外8学分要求，

实现创新创业教育全覆盖，增强学生的实践能力和创新创业意识。将理论教学和实践教学深度融合，搭建创新、创造、创意、创业实践平台，打造大学生创新创业生态系统，形成多学科交叉，集教育、科研、实践、孵化、创投于一体的贯穿式全链条"双创"教育辅助体系。

34. 强化学生创新创业实践训练。健全本科生创新创业训练计划体系，大力支持创业训练、创业实践项目，每年支持1400个大学生创新创业训练项目，每年使6000名左右的本科生直接参与创新创业项目研究。形成覆盖全校各专业的国家、省、校三级学科竞赛体系，稳定开展200个左右学科竞赛项目，组织学生参加全国"互联网+"大学生创新创业大赛等高级别赛事，带动更多学生投入创新创业活动。举办高层次论坛、高水平成果展、大众化沙龙、主题化训练营和专业化项目路演等，举办大学生创新创业年会，为有兴趣学生提供在校锻炼机会。

35. 厚植宽容的创新创业文化。充分发挥创客空间、创新"梦工场"和创业苗圃等组织的功能，在不同校区和学院创建与学科专业相契合的双创组织，开展创新创业活动。发挥"青年文化书院""青科协"教师对学生创新创业的引领作用，为学生参加创新创业活动提供指导，为学生创业实践搭建舞台。通过"创业俱乐部""创业论坛"等形式，促进学生、教师和企业家之间相互交流，分享创业理论与实践成果。选树创新创业先进典型，充分发挥典型人物和典型案例的辐射带动作用，办好《大学生创新创业》期刊，形成激励创新、宽容失败的双创文化氛围。

36. 健全学生创业指导服务体系。在就业指导课中开设有关创新创业课程，对创业团队的各种创业项目进行培育，对创业团队进行"一对一"的陪伴式创业辅导。在工商注册、项目申报、企业管理技能培训、法律咨询、专利代理等方面，为创业学生提供一站式服务，通过学校创业园平台，进行高新技术成果转化和产业孵化。实现每年的创新创业主题活动200场，覆盖面超过10000人次，服务大学生创业项目团队（企业）100个。

（八）拓展合作深度，构建协同促进的开放育人体系

37. 完善开放协同育人机制。进一步完善学生交流、学分互认、学位互授等开放协同育人管理制度。深化科教协同、产学协同育人模式改革，聘任科研机构研究人员、企业管理人员、工程师等来校兼职授课。创新校企合作办学模式，在校内探索建设产业学院（企业学院），合作建立"红旗班"等企业命名的教学改革班。鼓励并支持优秀本科学生赴国际组织等开展长短期实习实训，建立与国内外高校间相互交流、合作的开放育

人环境。

38. 实施本科生国内联合培养。扩大学生多元学习经历，继续实施与国内高校合作培养工作，开拓与国内"双一流"高校合作渠道，尝试开展学生交流营、工程训练营等多样化的校际交流方式，增加第二校园经历学生数量。加强与中科院等科研机构合作，落实"科教结合协同育人行动计划"，遴选具有创新潜质的本科生进入研究所，参与开展科研实习或科研实践，探索建立"3+1"联合培养模式。积极参与民间校际合作组织的工作，创新优质教育资源共享机制，合作探索复合型人才培养模式。

39. 与世界高水平大学开展教学合作。吸收和借鉴世界一流大学的教育理念、教学方式方法、教学管理模式与评价方式，推动人才培养国际化程度。通过交换学生、分阶段培养、短期研修等，提供更多学生出国、出境交流学习的机会，形成国际化人才培养格局。充分利用海外优质教育资源，实施本科生海外优质课程引进计划，引进100门本科生优质海外课程。与国际高水平大学合作，聘请国外一流师资，开办国际暑期学校和"国际教学周"。广泛争取国家政策和社会资源支持，引进海外师资与海外师资培训相结合，开办"2+2""3+1"等国际合作联合培养方式。

40. 合作开展海外学生学历教育。探索与世界一流大学新型的合作办学模式，开展"2+2"教育项目，国外学生在原学校进行两年基础培养后，来我校进行两年专业培养。以"校中院"模式联合开办合作学校，实现国际一流教学成果和管理经验的本土化改造。积极寻求与世界一流大学或机构合作，开展实质等效的国际专业认证工作。

（九）提高教学能力，构建师德引领的教师教学发展体系

41. 健全师德引领机制。坚持把师德师风作为教师素质评价的第一标准，以红色基因、白求恩精神和黄大年精神三源色精神引导教师成为德高身正、学高守正、艺高气正好教师。严格执行师德师风一票否决制，引导教师关爱学生、回归本分，以德立身、以德立学、以德施教，把知识教育同价值观教育、能力教育结合起来，把思想引导和价值观塑造融入到教学之中。积极支持青年教师参加社会实践、援藏援疆等，到红色老区、先进企业等发展改革第一线锻炼成长。

42. 健全教师教学能力提升体系。加强教师教学发展中心建设，以教学学术为核心，构建系统化、制度化和常态化教师教学能力提升体系，服务教师职业发展。健全教师岗前和在岗培训制度，发挥名师工作室、高水平教师和骨干教师作用，制度化开展各类教学竞赛，加大双师型教师教学培训力度，形成一批具有吉大特色的教师教学发展品牌活动。实施英国高等教育教学证书项目等培养计划，选拔中青年教师、学术

带头人赴国外高水平机构教学访学交流，培养和造就一批教学精英、教学名师，打造专业化教师培训队伍。促进教发中心间的交流合作，提升我校教发工作影响力，发挥示范和带动作用。

43. 完善教师业绩评价体系。落实《吉林大学教师考核工作实施办法》，推进教授、副教授全员为本科生授课，明确不同类型教师的教学岗位职责，在专业技术职务评聘、绩效考核中把教学质量作为重要依据，更充分、更科学、更合理地评价教师的教学投入。完善教师教学评价体系，改进督学和学生评教方式，建立教师、同行跨学院互相听课评教制度。完善特别渠道评聘教授、副教授制度，引导教师将主要精力投入教学工作。

44. 健全教学激励体系。加大对教学业绩突出教师的奖励力度，增加教师本科教学酬金总额度，提高教师课时津贴标准。设立本科课堂教学质量奖，按学年对教学效果突出的教师予以表彰奖励。健全教师教学荣誉奖励体系，开展"杰出教学贡献奖"、教学名师和"教书育人"先进个人等荣誉奖励，宣传优秀教师教书育人先进事迹。完善本科教学成果奖励制度，实现教学成果与科研成果奖励同等对待。

（十）强化质量管理，构建厚植文化的教学质量保障体系

45. 健全本科教学质量保障体系。将质量意识落实到教育教学各环节，在教师中形成自省、自律、自查、自纠的质量文化，将质量要求内化为全校师生共同的价值追求和自觉行为。发挥各级教学委员会对本科教学的审议、评议、监督、指导和咨询作用，严格执行教师职务评聘教学条件一票否决，为提高人才培养质量把准方向、贡献智慧。落实《吉林大学本科教学质量督导工作实施办法》规定的相关职责，优选本科教学督导队伍，发挥好教学监督和指导的作用。强化校、院两级教学管理，给予学院更多的自主权，充分发挥学院在教育教学工作中的主动性和创造性，促进学院质量主体责任的落实。

46. 建立健全本科教学质量评价体系。按照学校人才培养目标、《普通高等学校本科专业类教学质量国家标准》及有关行业标准，建立系统化的、覆盖教学全过程的评价体系、质量标准和反馈机制。完善学院本科教学绩效评价制度。落实《吉林大学教师本科教学质量评价实施办法》，全面开展教师教学任务考核和教学质量评价。开展以教师说课为主要形式的课程评估，调动教师投身教学改革、学习教育理论、钻研课堂教学，培养和塑造满足研究型教学需要的教师。

47. 加强日常教学过程的质量管理和监控。强化教学过程管理和检查，开展多层

次、全方位、全过程的本科日常教学的质量管理和监控。坚持校院领导阶段性教学检查和经常性听课制度，进一步发挥校领导、各级督学、学院领导、教务处及学院教学管理人员等的教学质量监控作用。完善课堂教学等环节的相关管理规定，制定相应措施从严管理课堂，杜绝挂名上课和随意代课现象。完善实践教学质量监控体系，开展实验教学评估，完善本科生论文（设计）管理制度，强化指导教师责任，加强对选题、开题、答辩等环节的全过程管理。

48. 完善教学质量评价反馈机制。发挥教学质量评价与反馈对于提高教学质量的实际效益，提升教学质量评价与反馈对于改进教学效果的引导作用，形成教学质量的全方位、多元化、多角度的评价反馈机制。完善内部教学效果评价反馈机制，建立校内本科教学状态数据库，完善质量信息统计和分析机制，打造学院间教学交流平台，畅通教师、学生和管理人员沟通渠道，定期发布学院本科教学质量报告。加强社会第三方评价与反馈机制和外部评估与反馈机制等方面建设，通过在校生、毕业生和用人单位反馈结果，不断加强和改进教学工作。

（十一）优化体制机制，构建运行高效的教学管理体系

49. 完善学分制教学管理制度。推进学年学分制向完全学分制过渡，推进实施弹性学制和按学分收费，有效激发学生学习的积极性、主动性、独立性和创造性。推进跨学科人才培养的辅修专业体系建设，扩大双学位教育规模，提高培养质量。

50. 优化公共基础教学运行模式。建立和完善基础教学园区教学组织管理模式和各项制度，保证基础教学园区教学工作科学、有序地推进。探索成立吉林大学课程中心，统筹全校课程资源，实现本科与研究生课程资源纵向贯通、学院间课程资源横向开放，支持学生跨阶段、跨学科、跨专业学习，满足学生多元化、个性化发展需求。

51. 营造多学科育人环境。在基础学科拔尖人才培养计划等专业范围内试点"书院制"，鼓励不同专业背景学生混合住宿，促进学生文理渗透、专业互补。优化校园人文氛围和育人环境，使学生感受综合性大学多学科优势，体现综合性大学浓厚的人文文化氛围。

52. 优化医学本科教育教学管理体制与运行机制。遵循医学教育规律和医学人才成长规律，完善大学、医学院（部）、附属医院医学教育管理运行机制，加强医教协同，保障医学教育的完整性。进一步论证和调整医学部、临床医学院职能，强化对医学本科教育的统筹管理，承担医学教育相关院系和附属医院在教学、科研、人事、学生管理、教师队伍建设、国际交流等方面加强协同。

53. 加强基层教学组织建设。鼓励学院以课程教学组织为中心，引导学院建立适应新时代特点和本科教育发展需要的基层教学组织，形成高水平开放式的教师团队、教研组或课程组。加强教学团队建设，健全青年教师助教体系，发挥高水平教师的传帮带作用。积极开展教育教学研究，实行集体备课和共同开展教学改革和建设，提升课程建设水平和教学质量。允许学院在教学业绩津贴额度内予以系主任及教研室主任一定数额的岗位津贴。

54. 加强教学管理干部队伍建设。制定切实可行的政策机制和有效措施，吸引优秀干部从事教学管理工作，保障教学管理工作可持续发展。制定《关于加强本科教学管理干部队伍建设的意见》，完善教学管理干队伍选拔与任用办法、培养和培训体系、考核晋升和优胜劣汰机制、激励和奖励制度等，建设一支责任意识强、管理水平高、综合素质好的教学管理干部队伍。

55. 完善本科教育管理系统智能化建设。通过现代信息技术手段，建立全校性的教育教学信息共享平台，实现学生从入学到毕业离校的全过程信息化管理，为学校招生、教学与培养、学生管理、毕业生就业提供有效依据。通过补充、完善、拓展现有教务管理系统的相关功能模块，完善教师教学信息，增加课程平时成绩考核实时记载、学分自动统计及学业智能预警、网上教务调课申请审批、考试考场网上编排、教室资源实时显示查询、双学士学位教学管理、留学生教学管理等功能，提升教务管理系统的智能化、信息化水平。

（十二）强化政策落实，做好一流本科教育建设组织实施

56. 强化组织领导。全校各级领导和各单位要高度重视本意见的贯彻落实，坚持每学期初次校长办公会研究本科教育会议制度，强化组织领导。广泛调动全校师生员工参与一流本科教育建设的积极性和创造性，从思想上转变认识，以更加积极主动的心态进行改革思考与实践，形成良好的改革环境。制定科学、可行的一流本科教育建设成效评价体系，并将落实本实施意见的具体措施和改革成效作为对学院和部门年度考核的重要内容。

57. 推进工作落实。依据高水平本科教育的新理念、新标准、新路径、新机制和新文化，强化各项改革的顶层设计和科学论证，形成改革建设的时间表和路线图。明确各单位和部门的责任和工作任务，做到有效沟通、协同推进。强化学院主体地位，指导学院结合实际制定一流本科教育的目标设计和政策措施，保证改革建设工作落到实处。

58. 加大经费投入。统筹学校事业经费，提高对本科教育的支持力度，提升本科教育教学经费占全校事业经费预算中的比重。实现学校本科实验教学经费、实习经费、教学运行费预算逐年提高。在"双一流"建设中，设立专项经费用于本科生培养。

59. 实施建设改造。加强小班化、智慧化教学环境建设，有计划、分步骤完成全校公共教学楼、实验楼、图书馆、双创空间等设施的现代化、功能化改造，建设一批高水准的智慧教室、互动研讨式教室和远程直播教室等。多种渠道筹集资金，建设一座以小班授课为主的现代化教学大楼。

60. 注重总结宣传。积极引导学院开展改革试点，逐步积累经验，注重将带有规律性和共性的做法总结提炼为经验，形成可推广的政策制度。定期召开本科教学工作会议，开展多种形式的推广交流，定期向党委常委会报告。加大一流本科教育改革建设工作的宣传，营造"以本为本""四个回归"的良好氛围。

三、实验技术研究

实验技术研究按照《吉林大学实验技术项目管理办法》（校发〔2011〕133号）相关规定执行。

第一条　为了引导并激励广大实验技术人员及教师积极投入实验教学改革和实验技术研究，从而促进实验教学水平、科技服务水平及实验室建设水平的提高，加强对实验技术项目的规范管理，特制订本办法。

第二条　申请立项的实验技术项目，要结合校情和各学院实际，能有效推进实验技术升级和实验室装备建设，技术路线可行，注重实用性，预期能够取得适用的技术成果，有广泛的应用和推广价值，有利于实验室管理现代化和科学化。

第三条　实验技术项目立项范围包括：

（一）实验技术与测试方法的研究与开发；

（二）实验仪器设备和装置的自制与改造；

（三）大型贵重仪器设备的功能开发与升级；

（四）实验手段的创新、仪器设备软件的研发；

（五）实验室管理的重要改革。

第四条　凡我校在编在岗的从事实验室工作的各类人员（包括实验技术人员、实验教师、实验室管理人员等）均可按照实验技术项目立项范围申请立项

第五条　实验技术项目立项要求：

（一）项目论证充分，计划与进度切实可行，经费预算合理，具备完成任务的基本条件；

（二）研究内容主体已被学校批准科技或教学研究立项的，不得在实验技术研究中重复立项。原立项的实验技术项目未结题，该项目负责人不得再申请新项目；

（三）实验技术研究的系统项目应整体立项，原则上不支持分项立项。

第六条　实验技术项目立项申请及评审：

（一）申请实验技术项目的集体或个人向所在学院提出申请，填写《吉林大学实验技术项目立项申报表》；

（二）经申请人所在学院组织有关专家论证、评审，签署意见后统一将申报材料报送实验室与设备管理处；

（三）吉林大学实验技术项目立项由相关学部学术委员会直接或委托相关专家负责评审；评审工作的组织及相关事务的安排由实验室与设备管理处负责。

第七条　实验技术项目研究期限一般在2年以内，特殊项目可申请延长期限。

第八条　项目负责人应于一定时间内向实验室与设备管理处提交阶段性项目进展报告，在规定年限内完成研究任务。如因特殊原因不能按时完成研究任务，应及时以书面形式说明原因申请延期结题。对不提交阶段进展报告或无故不按时完成研究任务的，学校将停止拨款。项目的所有参研人员在项目结题前均不得申报新的实验技术项目。

第九条　实验室与设备管理处将不定期对在研项目有计划、有重点地进行跟踪检查。对不能有效开展研究工作的项目，学校将视情况有权对其调整或撤销。

第十条　成果的验收及推广：

（一）项目完成后，项目负责人向所在学院提出验收申请，填写结题报告，一般应提供成果实物。项目所在学院组织初步验收，对照项目申请表的内容逐一填写评价意见，认为基本实现立项要求，推荐报请学校验收。

（二）学校验收由学部学术委员会直接或委托相关专家完成，验收工作现场设在相关实验室，侧重对成果进行效能测试。验收工作的组织由实验室与设备管理处负责。

（三）项目成果经两年以上的实际应用，在应用过程中运转正常、性能良好、安全可靠，在教学、科研工作中发挥了重要作用或取得了一定的经济效益和社会效益，项目负责人可根据成果水平申报相关奖励，也可有计划地推广应用。

第十一条　吉林大学实验技术项目每两年立项评选一次。

第十二条　经费管理

（一）校级实验技术研究项目由实验室与设备管理处统一管理。学校每两年划拨一定额度的经费支持项目研究，研究经费经实验室与设备管理处划拨到项目组。

（二）资助项目的经费开支范围用于与该项目直接相关的测试、分析等业务费、实验费、材料费等，不得开支设备费、培训费、劳务费等，严格控制资料费、调研费。各项支出均按有关财务规定执行。

（三）项目研究经费专款专用，各项费用支出由项目负责人核准后到校财务处报销。违反规定的不当开支不予报销，后果自负。

第八部分

实践教学评价与激励

一、实践教师本科实践教学评价

实践教师本科实践教学环节评价依据《吉林大学教师本科教学质量评价实施办法》（校教字〔2016〕104号）执行。

为加强对教师教学质量的监控与评价，有效地调动教师从事教学的积极性和提高教学效果的主动性，不断提高教学质量，特制定本办法。

（一）评价的基本原则

对教师教学质量的评价，遵循教育教学规律，结合学校实际情况，坚持公开、公平、公正的原则；坚持学科分类指导的原则；坚持定量与定性相结合的原则；坚持教学过程评价与教学效果评价相结合的原则；坚持学生、督导和同行、教学委员会多元评价的原则，激励和引导教师不断提高教学水平。

（二）评价的内容

教师教学质量评价主要针对课堂教学和实践教学环节，评价内容包括教师的教学态度、教学过程、教学水平和教学效果等四个方面。

（三）评价的对象

教师教学质量评价以学期为单位，对承担本科课堂教学和实践教学的全体任课教师进行全员评价。

（四）评价的组织实施

1. 评价要求

（1）学院是教师教学质量评价的主体，各学院根据本办法，结合学院实际情况，制定具体实施细则，明确学生评价、教学督导与同行评价、教学委员会评价的基本形式和要求。

（2）各学院要充分重视学生对教师教学质量的评价，增强学生参与教学的民主意识，提高学生评价结果的客观性和真实性。

（3）由课程归属学院进行教师的教学质量评价。

2. 评价方式

教师教学质量评价主要通过学生网络评教、听课、问卷调查、座谈会和集中评议等多种方式进行。

3. 评价程序

建立学生基础性评价、教学督导和同行认定性评价、教学委员会审核性评价三级评价体系。

（1）基础性评价：由学生通过网络评教方式，对学期内课程教师进行评价。无法通过网络评教的课程和实践教学环节，可以通过发放学生问卷、召开座谈会等方式进行评价。基础性评价应在课程学期中完成。

（2）认定性评价：由学院教学督导和同行教师主要以现场听课方式进行评价。评价范围包括从事教学不满三年的新教师、担任新开设课程不满三年的教师；学生网络评教结果为全院后30％的教师；教学检查中学生意见较大的教师；学生网络评教为全院前30％的教师或自报教学效果优秀的教师。认定性评价应在学期结束前完成。

（3）审核性评价：由学院教学委员会通过集中审议方式对所有教师的教学质量进行审核和评议。审核性评价除以学生基础性评价和认定性评价结果为依据外，需综合考虑以下因素：教师的责任心和敬业精神；在指导实验、学年论文、社会实践或调查、毕业论文（设计）、毕业实习等工作中的表现；在指导学生各类竞赛等实践教学工作中的表现；作业布置、批改、答疑等情况；成绩考核的组织与管理；等等。审核性评价应在下学期开学第三周前完成。

（五）评价结果的认定

1. 教师教学质量评价每学期进行一次，评价结果分为优秀、良好、合格、不合格四个等级。学生满意率90％以上并在学院排名前30％者，通过认定性评价和审核性评价为优秀；学生满意率80%～89%并在学院排名前70%者，通过认定性评价和审核性评价为良好；学生满意率60%～79%并在学院排名前90%，通过认定性评价和审核性评价为合格；学生满意率在60%以下并在学院排名后10%者，经认定性评价和审核性评价可确定为不合格。

2. 各学院将教师教学质量评价结果于审核性评价结束后一周内通知教师本人。教师对评价结果如有异议，可在接到通知之日起5日内向学院教学委员会提出申诉，教学委员会应在5个工作日内提出处理意见；教师对处理结果仍有异议，可向校教学委员会提出申诉，由校教学委员会做出终审裁定。

（六）政策和措施

1. 教学质量评价结果作为教师工作业绩考核、专业技术职务聘任以及优秀教学奖评选的基本依据。

2. 在教师职务聘任中实行教学考核一票否决制。教学质量评价成绩不合格者，不能参加当年专业技术职务聘任。

3. 为调动教师教学积极性，学院可将教学业绩津贴总额的20%～30%用于对教学效果优秀教师的奖励。

4. 学院应对教学质量不合格的教师提出整改要求，持续考察整改效果，若连续两学期不合格，则停止教学一学期，推荐参加校内外教学培训，培训结束经学院考核合格后，方可重新承担授课任务。

（七）本细则自公布之日起试行，由教务处负责解释。

二、实践教学工作量核算办法

本科实践教学工作量核算办法依据《吉林大学学院教学工作量（本、专科）核算办法》（校教字〔2016〕78号）文件相关规定执行。

本办法主要是针对各学院（中心）教学工作总量进行当量折合换算，以此作为学校向学院（中心）砍块下拨教学酬金的基本依据。但由于各学科专业和课程在教学工作量方面存在着一定差异性，因此本办法不作为学院（中心）向教师发放教学酬金的执行标准，各学院（中心）可根据本单位实际情况，另行制定更加合理的教师教学工作量计算办法及分配细则，以保证教师教学工作量计算的科学性、准确性和公正性。各学院（中心）自行制定的工作量核算办法需经过学院教学委员会审议通过，并在院内公示后执行。

（一）实验课标准学时（指教师带实验，含批改实验报告）

1.计算机语言：$H×（0.5+（M-1）×0.5）×K_2$

2.其他：$H×（1+（M-1）×0.4）×K_2$

（二）实习实践课、见习课及课程设计标准学时

1.工科金工实习：$12×0.4×Z×M×0.5$

2.工科材力、制图课程设计（不计算审图）：$12×M×Z×0.5$

3.其他实习/课程设计：$12×1/15×N×Z×K_3$（医学课间实习、地质、考古类教学实习含备课）

4.临床生产实习：$18×1/6×N×Z×K_3$

5.临床医学专业定向实习：$6×1/4×N×Z×K_3$

（三）毕业设计（包括理、工、文、经管等专业的毕业设计、毕业论文，以及七年制定向实习，各医学专业实行的非临床实习等）标准学时

$12×1/8×N×Z×K_4$

（四）专科层次教学

1.毕业设计：$12×1/8×N×Z×K_4×0.8$

2.其他：与本科相同

（五）其他工作量

1.教材、教学大纲编写（当年内出版印刷，学期内使用，一次计算）编著者：教育部规划教材和其他部委立项教材每千字按2标准学时计算；列入学校教材出版计划，公开出版并在我校教学中使用的本（专）科教材，每千字按1标准学时计算。经学院教学委员会审订并正式印刷的教学大纲按每千字4标准学时计算。

2.本科生指导教师考核合格，每学年记40标准学时工作量。

3.教师担任本科生创新创业训练计划项目，每个项目按照国家级100标准学时，校一级50标准学时，校二级30标准学时，核定工作量。

4.体育教练由学院根据实际训练时间和强度计算一定的工作量，但每学期最多不超过60标准学时。

5.每场监考工作每小时按1标准学时计算酬金，但不作为工作量核定。

（六）补充说明

1.在线课程教学依据《吉林大学慕课建设与运行管理办法》核定工作量。

2. 各学院、中心每学期可根据《吉林大学教师本科教学质量评价实施办法》对主讲教师进行教学效果评定。评定为优秀者，可增加理论和实验教学酬金的20％～30％。奖励部分由学院在总额度内二次分配时进行核算。

三、实践教学管理工作先进表彰办法

实践教学管理工作先进表彰办法按照《吉林大学本科教学管理工作先进集体和先进个人评选表彰办法（试行）》（校发〔2020〕446号）有关规定执行。

为深入贯彻习近平新时代中国特色社会主义思想和党的十九大精神，把握社会主义办学方向，全面贯彻党的教育方针和全国教育大会精神，落实立德树人根本任务，强化"三全育人"理念和主体责任，推进学校"双一流"建设进程，促进本科教学质量全面提高，提升本科教学服务管理水平，激发全校教学管理工作者的积极性和创新性，特制定本办法。

（一）评选范围

1. 先进集体：承担本科教学工作的学院、中心，承担本科教学服务管理工作的科室、部门。

2. 先进个人：从事本科教学服务管理的在岗工作人员（教务管理人员、专职教学秘书等）。

（二）评选名额和时间

本科教学管理工作先进集体和先进个人每年评选一次。先进集体10个；先进个人30人。

（三）评选条件

1. 先进集体

（1）坚持社会主义办学方向，认真贯彻党和国家教育方针，全面贯彻落实立德树人根本任务，准确把握高等教育基本规律和人才成长规律，坚持"以本为本"，遵循"四个回归"，"三全育人"主体意识强，一流本科建设成果显著。

（2）本科教育理念先进，人才培养体系完备，教学管理制度健全，思路清晰、目标明确，本科教学运行平稳有序，服务对象满意率高。保质保量完成学校布置的各项教学管理工作，在课堂教学（在线教学）、实践教学、专业建设、课程建设、教材建设、国际合作、创新创业教育等人才培养方面工作成效显著。

（3）充分发挥教学委员会作用，教学基层组织建设、青年教师培养、教师能力提升和综合评价高，成效显著。

（4）人才培养质量不断提升，毕业率高，社会评价和反馈良好。

（5）教学管理工作研究成果显著，公开发表有关教学管理新思路、新方法等论文，在提高本科人才培养质量的重点领域、关键环节取得突破。

（6）本科教学管理和服务工作队伍人员配备合理、队伍稳定，工作效率高，教学档案齐备，管理工作科学规范，学生获得感、关怀感强烈。

（7）圆满完成本科教学年度任务。

2. 先进个人

（1）坚持社会主义办学方向，忠于党的教育事业，了解高等教育基本规律，全面贯彻落实立德树人根本任务，有强烈的事业心和团队协作精神，爱岗敬业，具有较强的服务意识和奉献精神。

（2）熟悉国家和学校制定的教育教学政策和制度，掌握教学管理工作的各项业务工作流程，认真履行"三全育人"职责，熟练运用现代化信息管理技术，组织性、纪律性强，按时完成各项工作任务，为本科教学工作提供良好的支持和服务。

（3）工作条理清晰，思路清楚，责任心强，能够按照学校要求，及时、准确、高效上报各类数据、信息和材料。在工作中坚持原则，红线意识、底线意识强，服务优良，秉公办事，任劳任怨，不计个人得失。

（4）业务能力强，综合素质高，积极参加教学管理研究与教学改革，善于总结推广管理经验并提出合理化建议，师生满意度高，有典型工作事迹。

（5）在教学管理工作岗位上连续工作两年及以上，表现优异。

（四）评选程序

1. 本科教学管理工作先进集体由各单位自愿申报；教学管理工作先进个人由各单位推荐1～2人参评。

2. 教务处对申报材料进行初审，形成《学院年度本科教学管理工作观测点统计表》。

3. 学校专家组由校教学委员会、校教育教学督导委员会13～15人（单数）构成，负责本科教学管理工作先进集体和先进个人的最终评选。

4. 本科教学管理工作先进集体和先进个人的评选结果公示无异议后，报学校批准。

5. 每年年底进行表彰。

（五）表彰奖励

学校对获评的本科教学管理工作的先进集体和先进个人颁发荣誉证书，并予以表彰。先进集体奖励20000元，先进个人奖励5000元/人。

（六）其他

1. 本科教学管理工作先进集体和先进个人的评选是我校深化本科教育教学改革，提升本科教学管理工作水平，实现学校"双一流"建设发展目标的一项重要工作，希望各本科教学单位将注意力聚焦在本科教学管理工作，认真总结经验，深挖典型，积极参与。

2. 本办法由教务处负责解释，自公布之日起执行。

四、实践教学实验技术成果奖励办法

实践教学实验技术成果奖励办法按照《吉林大学实验技术成果奖励办法》有关规定执行。

第一条　实验室建设与发展，凝聚着实验室工作者的智慧、经验和劳动，直接影响到人才培养质量和科研工作水平。为了进一步调动在实验室工作人员的积极性，鼓励和吸引高水平的实验室工作者长期投身实验室建设工作，提升实验室工作水平，特制定本办法。

第二条　本办法所称之实验技术成果，指在实验仪器设备研制与改造、实验技术理论与方法、实验室建设与管理等方面取得的创新性、实用性实验技术成果。

第三条　实验技术成果奖的申报范围包括：

（一）实验仪器设备和装置的研制及应用；

（二）实验仪器设备功能的开发（包括应用软件）和技术升级；

（三）实验技术、实验方法和分析测试方法的创新；

（四）在大型仪器设备共享等实验室建设与管理方面具有重要贡献及显著社会和经济效益的成果。

第四条　凡我校在编在岗教师、实验技术人员及实验技师，均可申报实验技术成果奖，且每项申报成果人员构成中，实验技术人员及实验技师所占比例不能少于50%。

第五条　具有以下基本条件可申报实验技术成果奖：

（一）实用性。经两年以上的实际应用，在应用过程中运转正常、性能良好、安全可靠，在教学、科研工作中发挥了良好的作用，取得了良好的经济效益和社会效益。

（二）先进性。在实验室建设与管理、实验技术研究或实验仪器设备功能利用与开发（包括软件开发）、技术改造和分析测试方法方面有所创新，具备技术先进性。

（三）科学性。对实验技术理论和方法研究、实验室建设与管理、实验教学改革、仪器设备研制与功能开发及技术改造方面，具有科学理论指导、先进理念引导、技术方法先进、设计见解独到的特点，并能够起到指导和示范的作用。

（四）创新性。体现知识创新、技术创新或研究方法创新，实施手段以实验为主。

第六条 教学改革项目、科研项目或开发的未用于实验教学的技术产品不得申报；凡已获得教学成果奖或实验技术成果奖的项目，不得重复申报；系统性项目原则上不得分项申报。

第七条 实验技术成果奖设一、二等奖：

一等奖：实验技术成果的技术水平属国内领先，填补国内空白，经两个以上单位使用，应用效果好，有显著的社会效益或经济效益。

二等奖：实验技术成果的技术水平属国内先进，经两个以上单位使用，应用效果良好，有较好的社会效益或经济效益。

第八条 申报程序

（一）申请实验技术成果奖的集体或个人向所在学院提出申报，填写《吉林大学实验技术成果奖申报表》；

（二）由学院负责组织同行专家评议并经学院审核同意后，向学校推荐。学院评审组推荐的实验技术成果，申报材料中要附有两个具有高级专业技术职务且非本成果研制人员做出的技术测试报告；

（三）学院汇总申报材料报送吉林大学实验室与设备管理处。

第九条 评审程序

（一）初评，主要进行资格和材料的形式审核。

（二）评审，包括：

（1）听取项目负责人的自评汇报；

（2）审阅申报资料（某些项目要进行实地考察）；

（3）提出评审意见，审定实验技术成果的获奖等级；

（4）投票确定获奖名单。

第十条　吉林大学实验技术成果奖由吉林大学学术委员会直接或委托相关专家负责评审；评奖工作的组织及初评等日常事务由实验室与设备管理处负责。

第十一条　学校对申请实验技术成果奖的项目，应当自收到申报材料之日起30日内完成评审并予以公布；任何单位或者个人对该成果权属有异议，可以自公布之日起30日内提出，报学校学术委员会裁定。

第十二条　获奖的实验技术成果，由学校颁发荣誉证书和奖金。奖金归成果研制者所有，任何单位或者个人不得截留。

第十三条　获奖成果的有关材料归入获奖人员的业务档案，获奖成果作为业务考核和专业技术职务聘任的重要依据。

第十四条　已批准获奖的成果如发现弄虚作假，严重失实，经调查核实后，收回其获奖证书和奖金，取消荣誉并予以全校通报批评，且不允许其参加下一次实验技术成果奖的评选。

第十五条　吉林大学实验技术成果奖每两年评选一次。

第十六条　实验技术成果奖的奖金和工作费用从学校预算经费中列支。

第十七条　学校其他直属业务机构和临床医院的教师以外专业技术系列人员的相关奖励，参加吉林大学实验技术成果奖的评审。

第十八条　本办法自发布之日起实施。

五、本科学生创新实践成果奖励办法

本科学生创新实践成果奖励办法按《吉林大学本科学生创新实践成果奖励办法》（校教字〔2019〕59号）执行。

第一章　总　则

第一条　为不断激励学生参与创新创业实践，增强学生社会责任感、探索创新精神和解决问题能力，落实《吉林大学大学生创新创业训练计划实施办法（修订）》（校发〔2015〕142号）和《吉林大学本科学生学科竞赛管理办法》（校发〔2019〕216号）及《吉林大学本科学生学科竞赛体系》等文件，结合我校实践教学工作实际，制定本奖励办法（以下简称"奖励办法"）。

第二条　"奖励办法"所指学生，是指吉林大学全日制在籍本科生，医学长学制专业限五年级之前（含五年级）的在籍学生。

第三条 "奖励办法"所指创新实践成果，是本科学生在读期间参加学校组织的创新实践活动所取得的相应成果。

第四条 创新实践成果分三个大类。一是在校期间申请的、以第一专利权人获得的发明专利；二是"吉林大学大学生创新创业训练计划"优秀结题项目；三是符合《吉林大学本科学生学科竞赛管理办法》规定、纳入学校竞赛体系的国家级项目。

第五条 创新实践成果认定时间。专利授权，以专利授权日期为准；"吉林大学大学生创新创业训练计划"优秀结题项目，以学校项目验收结题文件日期为准；竞赛类项目，以竞赛结果发布日期为准。

第二章　组织与管理

第六条 学校成立"本科学生创新实践成果奖学金评定工作领导小组"，主管教学副校长任组长，小组成员由教务处、学生工作部、团委、科学技术处、财务处等职能部门的负责人及相关负责人共七人按席位制构成，办公室设在教务处，负责受理本科学生创新实践成果奖励项目申报、审查项目、受理异议及申诉、核算并发放奖学金等。

第七条 各学院成立"本科学生创新实践成果奖学金评定工作小组"，由"学院主管教学副院长、学生工作副书记及相关人员"组成，办公室设在各学院教务办公室，负责本学院学生创新实践成果项目申报等工作。

第八条 学校为创新实践成果奖学金单独安排预算、下达经费，由教务处按学年度进行奖励。

第三章　评定与奖励程序

第九条 本科学生创新实践成果奖学金评定工作坚持"公平、公正、公开"的原则，以学年为单位开展，严格工作程序，杜绝弄虚作假。

第十条 本科学生创新实践成果奖学金申请与发放，借助实践教学管理系统（以下简称"系统"，除特殊情况外常年开放）进行，按照"学生及相关负责人随时在系统填报相关成果信息、学校公示系统信息、学生核对、学院汇总已核对信息并上报、学校审批、学院经办结算"程序操作。

第十一条 学生在系统中填报发明专利信息；教务处负责人员根据"吉林大学大学生创新创业训练计划"评审结果在系统中填报优秀结题项目信息；各学科竞赛负责人在系统中填报竞赛获奖信息。

第十二条 学校教务处根据系统中所填报信息，于每年5月份将汇总信息在校园网公示5个工作日。同时，学院教务办公室组织学生核对公示信息，并将核对结果报送学校教务处。

第十三条　学校教务处将核对结果报"本科学生创新实践成果奖学金评定工作领导小组"终审，领导小组确定获奖学生名单后，教务处再次在校园网公示5个工作日，无异议后向学生发放奖学金。

第四章　奖励标准

第十四条　学校依据项目完成人数，按团队奖和个人奖设定奖励标准。项目成果由两人以上完成的确认为团队奖；由一人完成的确认为个人奖，个人奖的奖励额度为团体奖奖学金的50%。

团队奖奖学金标准：（1）"发明专利"2万元；（2）大学生创新创业训练计划优秀结题项目0.2万元；（3）竞赛类项目，国家级A类竞赛，特等奖3万元，一等奖2万元，二等奖1万元，三等奖0.5万元，国家级B类竞赛特等奖2万元，一等奖1万元，二等奖0.5万元，国家级C类特等奖1万元，一等奖0.5万元，二等奖0.3万元。

第十五条　同一竞赛项目成果在不同赛事中分别获奖，按最高级别核算一次，其他获奖按赛事奖励标准的60%计算。

第十六条　团队奖奖学金由项目负责人分配各成员应得奖金。

第五章　附　则

第十七条　本办法由"本科学生创新实践成果奖学金评定工作领导小组"负责解释。

第十八条　本办法自公布之日起执行，原《吉林大学大学生创新实践成果奖励办法》（校教字〔2016〕40号）同时废止。

六、基础学科拔尖学生科研实践奖学金管理办法

基础学科拔尖学生科研实践奖学金管理办法依据《吉林大学基础学科拔尖学生培养试验计划科研实践奖学金管理办法》（校教字〔2018〕30号）执行。

为培养富有创新精神和良好科研品质，具有宽广的国际视野和长远发展潜力的基础学科拔尖创新型人才，结合教育部有关精神和我校"基础学科拔尖学生培养试验计划"实施方案制定本办法。

（一）基本原则

1. 学校统筹基础学科拔尖学生培养试验计划专项经费，设置拔尖计划科研实践奖学金（简称奖学金）。

2. 奖学金主要用以奖励在科研、实践方面成果突出的学生，学校鼓励学生开拓创新，勇于挑战。

3. 奖学金评选采取个人申报–专家评审的方式，坚持公平、公正、公开的原则，奖学金申报及评选过程全程公开。

（二）奖励对象

就读于我校"拔尖计划"试验班的本科生。

（三）奖项类别和申报条件

拔尖计划科研实践奖学金设立特等奖学金、一等奖学金和二等奖学金。分设个人奖和团体奖（3人及以上团队），团体类竞赛由评审委员会单独审议。

1. 满足下列条件之一者，具备申报特等奖学金资格：

（1）获国际大学生学科竞赛总决赛特等奖；

（2）在国际顶级学术期刊或重要学术会议上发表高水平学术论文（前两名作者），或参与国家重大科研项目，并完成其中重要科研任务；

（3）取得与上述条件相当水平的其他科研与实践成果。

2. 满足下列条件之一者，具备申报一等奖学金资格：

（1）获国际大学生学科竞赛金奖（一等奖）及以上；

（2）在各自学科领域学术期刊上发表高水平学术论文并被SCI检索系统收录（前两名作者），或参与国家级科研项目，并完成其中重要科研任务；

（3）取得与上述条件相当水平的其他科研学术成果。

3. 满足下列条件之一者，具备申报二等奖学金资格：

（1）获国际大学生学科竞赛银奖以上；

（2）在本专业领域核心学术刊物或重要学术会议上发表论文（前两名作者）。

（3）取得与上述条件相当水平的其他科研学术成果。

4. 上述条款中所涉及科研学术成果获得日期从前一年度6月1日算起截止至当年5月31日，同一成果不得重复申报。

5. 以下情况不能参加本学年科研实践奖学金评定：学年内违反校规校纪受到处分或者通报批评者；必修课考试成绩不及格者；学术研究、科研实践工作或竞赛中弄虚作假者；有其他损害学校声誉或造成不良影响行为者。

（四）奖励标准

拔尖计划科研实践奖学金用于奖励在科研创新活动、科技论文发表、学科竞赛等实践活动中表现突出的学生，奖励标准见表8-1。

表8-1　奖励标准

获奖类别	奖励标准/元
拔尖计划科研实践特等奖学金（个人）	50000
拔尖计划科研实践一等奖学金（个人）	10000
拔尖计划科研实践二等奖学金（个人）	5000
拔尖计划科研实践特等奖学金（团体）	50000
拔尖计划科研实践一等奖学金（团体）	20000
拔尖计划科研实践二等奖学金（团体）	10000

（五）评审要求及流程

1. 学校成立"拔尖计划科研实践奖学金"评审委员会，负责对奖学金申报材料的审核和评审，并监督奖学金评定与发放过程。评审委员会由任课教师代表、行政职能部门代表及学生代表组成。

2. 科研实践奖学金的评定由评审委员会决定申请者是否需要答辩，并进行集体评议。如申报者无法参与答辩，可以委托他人代为答辩。

3. 符合奖学金评选条件的学生需填写奖学金申请表，由所在学院进行初评汇总后报教务处，教务处组织奖学金评审委员会专家对学生的科研实践成果进行评审，必要时进行答辩确定获奖人员及奖学金级别。

4. 拔尖计划科研实践奖学金申报时间为每年五月份。学生须先主动填写《吉林大学拔尖计划科研实践奖学金申请审批表》报所在学院，同时需提交学术成果、证书、奖状等原件，由学院汇总后报教务处（所有发表的科研成果和论文均需提供纸质材料，增刊、内刊无效）。

5. 拔尖计划科研实践奖学金按学年评定、发放、同时发放获奖证书。与学业奖学金（国家奖学金、国家励志奖学金、校奖学金等）、社会奖学金等可兼得。

本办法自公布之日起实行，由教务处负责解释。

七、实践教学事故认定与处理办法

实践教学事故认定与处理办法遵照《吉林大学本（专）科教学事故认定及处理办法》（校发〔2015〕141号）执行。

为规范本（专）科教学管理，维护本（专）科教学秩序，有效预防各类教学事故的发生，及时、严肃和妥善地处理已发生的各类教学事故，依据《中华人民共和国教育法》《中华人民共和国教师法》《吉林大学教师本科教学工作规范》等相关法律法规，结合我校本（专）科教学工作实际，特制定本办法。

第一章 总 则

第一条 本办法所称教学事故是指由于教师、教学辅助人员、教学管理人员（及部门）以及为教学服务的各部门工作人员违反教学工作程序、教学工作规范、教学管理规章制度，导致正常教学秩序、教学进程和教学质量等受到影响，并造成不良后果的行为或事件。

第二条 本办法所称教学主要是指课堂教学、实践教学及课程考核等；本办法所称教学管理涉及负责校级教学管理、学院（中心或部门）教学管理及为本（专）科教学工作提供服务保障的各单位及个人。

第二章 分级与认定

第三条 根据教学事故发生的情节和所造成影响程度的不同，教学事故分为三个级别：重大教学事故、严重教学事故和一般教学事故。

事故认定范围包括：课堂教学、实验实践教学、考试与成绩、教材管理、教学管理、教学保障等各个方面。

第四条 重大教学事故

出现下列情形之一，后果十分严重，情节极为恶劣的，认定为重大教学事故：

（一）在教学及教学管理活动中出现违反宪法、法律或违背党的路线、方针、政策，违反教师职业道德规范等的言论和行为，或散布邪教、迷信以及淫秽内容，其言行在学生中造成恶劣影响，产生严重不良后果；

（二）无故拒不接受学校（学院、中心、系、教研室）安排的合理的教学任务；

（三）在毕业论文（设计）环节中，指导教师发现学生伪造数据、抄袭他人成果、弄虚作假的现象未予以纠正，后果特别严重；

（四）未经学院（中心）、学校教学主管部门和实践单位同意，擅自缩短实习时间7天（含）以上；

（五）对教学或教学管理工作不负责任，造成学生在教学、实践或实验活动中受到重大伤害、死亡；或造成大型、贵重设备的损坏，价值在10万元以上；

（六）命题教师或其他有关人员在考前泄露试题、考试中暗示、透露试题答案或其他严重影响考试秩序的行为；

（七）出具与事实不符的学籍、学历、学位等各类证书、证明；因审查不认真发给不应该获得学位证书者相应的证书；

（八）教学安排或教学管理失误，导致重大教学进程受阻或失控；

（九）其他违反教学或教学管理规定，后果十分严重，情节和影响极为恶劣的言论或行为。

第五条　严重教学事故

出现下列情形之一，造成不良影响，情节严重的，认定为严重教学事故：

（一）教学活动中，无正当理由迟到、早退或中途擅自离开教学岗位10分钟以上；

（二）无正当理由，上课、实验、监考期间拨打或接听电话，或从事与教学无关的内容或环节，致使干扰、延误、缩短或中断教学活动10分钟以上；

（三）强制学生购买自编教材，或强行推销未经批准选用的教材，在学生中造成不良影响；

（四）未经学校教学主管部门同意，擅自停课、缺课或缺席监考；

（五）任何单位未经学校批准，擅自占用教学场所，影响正常教学工作；

（六）实践教学指导或带队教师违反学校实践教学的相关规定或实践单位的相关规定，对实践教学或实践单位工作造成严重影响；

（七）未经学院（中心）、学校教学主管部门和实践单位同意，擅自缩短实习时间3天（含）以上；

（八）在教学活动中，因教师擅离岗位或指导失误造成学生受到严重伤害，或因不规范操作、管理不善等导致教学仪器设备损失价值在1万元以上、10万元（含）以下；

（九）教师在指导学生毕业设计（毕业论文）过程中，未按要求指导学生，或对工作不负责任，导致学生论文质量低劣，不能按时完成规定毕业设计（毕业论文）任务，造成严重影响；

（十）超过规定时间仍未排定课表或考试日程，影响教学进度或考试秩序；

（十一）试卷试题出现严重错误，导致考试延误、中断或失效；

（十二）遗失学生平时作业、实验报告、实习报告、期末试卷、毕业论文、课程设计等重要材料，致使无法评定学生课程成绩；

（十三）主考、监考教师迟到10分钟以上，未能严格执行有关考试规定而造成考场秩序混乱，纪律松懈；

（十四）考试中发现学生考试违纪或作弊，未及时纠正、处理或隐瞒不报，或其他未按监考守则规范考场秩序导致考场混乱或回收试卷缺失的；

（十五）不按评分标准阅卷，随意给分或改动成绩，误判、漏判试卷分数超过三份（班级规模50人以下）或应判试卷总数的6％（班级规模50人以上），且未主动纠正；

（十六）管理部门和管理人员由于管理不当，丢失学生学业档案、丢失学生原始成绩单、丢失应保存的试卷及丢失保密实习资料等；

（十七）规定课程连续两年不能按计划开出，影响教学计划的正常执行，造成严重影响；

（十八）关于放假或全校性教学调度不合理或通知未能及时下发，造成教学秩序混乱；

（十九）在考试安排中漏排班级、考试课程，严重影响考试的正常秩序和进程；

（二十）故意出具与事实违背的学生成绩单及非学历证书或证明；

（二十一）对本单位所发生的重大教学事故故意隐瞒不报，造成严重后果；对本单位教务管理职责规定不明确或不按规定执行，对学生中发生的重大教学问题未能及时了解和处理，造成严重后果。

第六条　一般教学事故

出现下列情形之一，造成不良影响，情节轻微的，认定为一般教学事故：

（一）教学执行计划确定后，教学管理人员未在开学前向任课教师下发教学任务书，影响正常教学运行等；

（二）教学活动中，任课教师无正当理由迟到、早退或中途擅自离开教学岗位10分钟（含）以内；无正当理由，上课、实验、监考期间拨打或接听电话，或从事与教学无关的内容或环节，致使干扰、延误、缩短或中断教学活动10分钟（含）以内；

（三）未经学院（中心）和学校教学主管部门同意，擅自变更教学活动时间或地点；擅自变更主讲教师、找他人（非教学任务书中指定的任课教师、实践指导或带队教师）代课、串课；由于个人原因不能按计划完成教学任务；

（四）未经学院（中心）、学校教学主管部门和实践单位同意，擅自缩短实习时间2天（含）以内；

（五）实践教学指导或带队教师违反学校实践教学的相关规定或实践单位的相关规定，对实践教学或实践单位工作造成不良影响；

（六）在教学活动中，因教师擅离岗位或指导失误造成学生受伤，或导致教学仪器设备损失价值在1万元（含）以下；

（七）发现学生平时作业、实验报告、实习报告、毕业论文（设计）等有严重抄袭现象未予以制止或及时向学院（中心）汇报；

（八）未按学校规定批改平时作业、实验报告、实习报告、期末试卷、毕业论文（设计），或未按学校规定时间上交成绩、试卷分析报告、学生试卷等需报送的材料，产生不良后果；

（九）主考单位未按规定时间将试卷送达考场，或因试卷数量不足等原因，造成考试延误10分钟（含）以内；或因安排不当造成考试冲突的；

（十）主考、监考教师迟到10分钟（含）以内，未能严格执行有关考试规定而造成考场秩序混乱，纪律松懈；

（十一）误判、漏判试卷分数不超过三份（班级规模50人以下）或应判试卷总数的6%（班级规模50人以上），致使试卷成绩与实际成绩不符，且未主动纠正；

（十二）非技术原因，期末考试结束后30天内本科生课程成绩未录入；

（十三）未及时将学生学籍变动信息通知学生，未按规定将必要信息通知学生家长；

（十四）管理部门和管理人员不按规定时间和规定年限保存各类教学档案材料；

（十五）管理人员在工作时间内擅离岗位，或无人响应故障报告达到10分钟，造成教学设施无法正常使用，影响正常教学进行。

（十六）多媒体教学设施、教室桌椅、黑板、灯具、电铃等基本教学保障设施损坏，报修后未能及时维修，导致教学无法正常进行。

第七条　凡本章未详尽列举的其他违反教学工作程序、教学工作规范、教学管理规章制度，导致教学秩序、教学进程、教学质量受到影响，产生不良后果的情况，可以根据具体情节、后果的严重程度比照本章规定进行相应教学事故认定。

第三章 处 理

第八条 教务处对全校本专科教学活动进行检查和监控，及时发现和处理教学事故，并接受全校师生对教学事故的举报。

第九条 教学事故一经发现、报告或被举报之后，重大和严重教学事故由学校教务部门会同校纪检委和责任人所在单位进行调查核实；一般教学事故由学院（中心、部门）进行调查核实；在举报或发生后十天内向主管领导提交报告。核实后由责任人本人写出书面检查，由学院（中心、部门）或教务处视情节轻重提出初步处理意见，上报主管领导签批。

第十条 对教学事故的责任人的处理分学校和学院（中心、部门）两级进行，重大教学事故和严重教学事故由学校进行处理，主管校长签批；一般教学事故由学院（中心、部门）处理，学院负责人签批。

处分程度分为行政处分、通报批评两个级别。行政处分的种类分为：警告、记过、降低岗位等级或者撤职、开除，由人力资源和社会保障处做出；通报批评分为全校通报批评和单位通报批评，全校通报批评由教务处做出，单位通报批评由学院（中心、部门）作出。

第十一条 对重大教学事故责任人，由学校主管校长对责任人签发《重大教学事故通知书》，通知书存根保存教务处备查；对事故责任人视情节给予记过及以上处分，并在全校通报批评。

处分期内，根据情节轻重对事故责任人扣发半年至全年津贴，取消责任人应聘高一级职称及取消评优、评奖资格；对于造成严重后果者，视情节可以对责任人实行缓聘甚至解聘。

第十二条 对严重教学事故责任人，由学校主管校长对责任人签发《严重教学事故通知书》，通知书存根留教务处备查；对责任人视情节给予警告处分，并进行全校通报批评。

处分期内，根据情节轻重对事故责任人扣发一定数额的津贴（以季度津贴额为基本单位），并自决定生效之日起一年内取消责任人评优、评奖资格。

第十三条 对一般教学事故责任人，由学院（中心、部门）负责人对其签发《一般教学事故通知书》，通知书存根留本单位备查；对责任人在本单位内进行通报批评，根据情节轻重对事故责任人扣发一定数额的津贴（以月津贴额为基本单位），并自决定生效之日起一年内取消责任人参加教学类奖项的评选资格。

第十四条 三年内累计发生两次一般教学事故可认定为一次严重教学事故，三年内累计发生两次严重教学事故可认定为一次重大教学事故，五年内累计三次以上严重教学事故者，应调离现工作岗位。

第十五条 各有关学院（中心、部门）在教学事故处理完毕后将《教学事故通知书》的复印件报学校教务处和人力资源和社会保障处，作为年终考核、工资调整、职务晋升、职称评定以及聘任等的有效依据。

第十六条 教学事故坚持举报必查、有错必究的原则，任何单位、部门和个人都不得隐瞒事实，不得包庇事故责任人。《教学事故通知书》应附有学校（学院、中心、部门）的明确处理意见，事故记录中应明确列出责任人，不得以单位、部门集体顶替。凡发生教学事故不按规定上报或者故意隐瞒本单位、本部门事故者或检查中发现事故拖延不报者，一经查出将追究其主要负责人的责任，并在全校通报批评。

第四章 申诉和仲裁

第十七条 教学事故责任人对事故的认定与处理存有异议的，可在接到《教学事故通知书》之日起10个工作日内，向学校负责认定及处理的相关部门提出书面申诉，逾期视为无异议。

第十八条 学校在接到申诉后10个工作日内，就申诉内容做出决定并以书面形式通知申诉者本人。若对复议结果不服的，按学校有关申诉程序申诉。

第五章 附 则

第十九条 本办法适用于全校全日制本（专）科教学活动。

第二十条 本办法如果未尽事宜，按照国家有关法律、法规、规章等执行。

第二十一条 本办法自公布之日起执行，由教务处负责解释。

八、实践课程考核办法

实践课程考核办法按照《吉林大学本科课程考核管理办法》（校教字〔2020〕123号）有关规定执行。

第一章 总 则

第一条 为保证教学秩序稳定，规范本科课程考核管理，营造良好的学风考风，实现以考辅教、以考促学，全面提升我校课程考核管理水平和教学质量，维护考试的公平、公正，保障考试的平稳实施，根据《普通高等学校学生管理规定》（教育部41号令）、新时代全国高等学校本科教育工作会议精神、《吉林大学教师本科教学工作规范》、《吉林大学本科学生管理规定》和《吉林大学本科学分制管理规定》等有关文件，特制定本管理办法。

第二条 本办法适用于吉林大学全日制本科培养方案规定的课程考核。

第三条 课程考核是检验教学效果、保证教学质量的重要手段，其目的在于检验学生学习的主动性和积极性，培养学生的创新精神、创新思维、创新能力。

第四条 本校在籍全日制本科、预科学生及交流生，应当参加所修课程的考核，并取得相应的考核成绩，成绩合格者可获得相应的学分，成绩、学分记入本人档案。

第二章　课程考核方式

第五条 考核一般包括考试、考查两种方式。考核方式应根据课程性质和考核内容由相应课程组或命题教师确定，考试一般包括笔试、口试、机考、实践操作、网络在线考试等方式，或几种方式结合。

第六条 所有课程都应进行平时考核和期末考核，课程考核方式在制定教学大纲时确定。平时考核包括日常考查、期中考试等。在满足考核要求的前提下，鼓励教师结合课程实际对考核方式进行改革。

第七条 要建立完善的过程性考核与结果性考核相结合的学业考评制度，综合应用笔试、口试、非标准答案考试等多种形式，科学确定课堂问答、学术论文、调研报告、作业测评、阶段性测试等过程考核比重。

第三章　考试命题

第八条 命题要求

（一）命题应该以教学大纲为依据，符合教学大纲中对知识、能力的基本要求，试题内容要能覆盖课程的基本内容，并体现本课程的重点内容；重点考查学生对课程基本知识、基础理论、基本技能的掌握及应用所学知识分析问题、解决问题的能力，注重考题对启发学生创新思维和培养学生创新能力的引导。试题内容与近三年同一课程试题的重复率应控制在20％以内。

（二）建有试题库的课程和其他有条件的基础课程应实行教、考分离，统一考试。凡课时、大纲、教材相同且结束时间基本相同的课程，其考试均应使用同样试卷并在同一时间进行。

（三）考试命题工作一般应在考试前一周完成。系或教研室主任必须在考试前一周的最后一个工作日前完成试题的审定和签字程序。如命题教师为教研室负责人或学院（中心）主管教学副院长，系或教研室主任审批应由教研室其他负责人或学院（中心）院长审批。系或教研室负责人和学院（中心）领导对所审查的试卷有权提出质询，命题教师应对质询作出解释；对不符合规范要求的试卷，应退回命题教师重新进行命题。

（四）每门课程必须拟定A、B两套试卷考试，试题表述应简明、准确，不得有差错和歧义。两套试卷均应有参考答案，参考答案或评分要点规范齐全，在统一评卷时使用。两套试卷应在题量、题型及难易程度等方面基本一致，试题命题内容不得有重复。

第九条   在传统命题考试基础上，允许和鼓励探索非标准答案考试，非标准答案考试应有相应的评分标准和评分规则等。

第十条   采取网络在线考试的课程，要根据在线考试的特点及力求防止网络抄袭的要求，研究考虑适当的命题内容和形式。

第四章   试卷管理

第十一条   试卷格式

（一）试卷一律采用学校统一制定的试卷卷首样式（见教务处网站），并要求为打印稿。试卷要填写相关信息内容：考试（考查）时间、学年及学期、课程名称、课程代码等。

（二）试卷要求字迹清晰、图形准确，无漏页漏题，分A、B二套密封，标准（参考）答案或评分标准另行密封，考试前任意抽取一套用于考试。

试卷由学院（中心）指定的试卷管理人或出题教师按规定要求送往印刷单位印制，要求有试卷管理人员或出题教师监印。

第十二条   试卷保管

（一）试卷必须经出题教师或所属学院（中心）指派的试卷管理人员对制成试卷的质量和完整情况进行抽样检查，合格后方能由印刷单位点数，并同《考场记录》一同装袋、密封。印刷单位在试卷印刷时期，必须严格遵循保密原则，学生或闲杂人员不得进入现场。

（二）接触试卷的人员和教师不得以任何方式泄漏试题内容，凡在命题、审题、印卷、领取和保管试卷过程中造成泄密事故者，按《吉林大学本（专）科教学事故认定及处理办法》进行追究当事人责任。

（三）评阅后的试卷，由任课教师所在学院（中心）教学办公室登记并保存。试卷按课程分学期、分教学班进行保存，并使用学校统一格式的试卷封面进行分装，填写试卷封面的相关栏目。保存责任人应在学期的前6周内整理完上一学期的试卷。试卷应保存到学生毕业离校不少于两年。

第五章 考务组织

第十三条 课程考核时间按照当年的教学日历进行安排，具体时间由教务处、各相关教务办协调学院（中心）确定。考试安排一经确定，不得擅自更改。

第十四条 课程考核一般采取线下考试方式，因疫情等特殊情况或教学改革需要也可以采取网络在线考试方式，是否需要采取网络在线考试方式由学校决定，或由教学单位申请，经学校教务处批准后执行。

第十五条 监考人员由各有关学院（中心）负责安排。主考教师原则上由任课教师担任、监考人员由学生所在学院安排。正副监考人数安排的标准为：考生人数70人以下，安排2人；70～100人，安排3人；100人以上，安排4人。一名教师不能同时作为多个考场的监考。学院（中心）教学办公室应向监考人员发出监考书面通知，明确监考任务。

第十六条 监考人员一旦确定后不得擅自变更。因故确需变更的，必须事先征得所在学院（中心）教学办公室同意。监考人员无故不到或迟到者，按教学事故处理。

第十七条 若因疫情须采取网络在线考试方式时，应优先选用在线教学平台提供的在线考试功能进行考试，无法依托现有在线教学平台进行在线考试的，可采用钉钉、企业微信、腾讯会议、腾讯课堂、腾讯QQ或普通微信等公共平台进行考试。

第十八条 参加网络在线考试的学生，须提前选择独立、安静、整洁、明亮、封闭且网络条件良好的场所参加考试；须准备两台带有摄像头和通话功能的电脑或手机，分别作为考试设备和考试环境监控设备；考生要保持通信设备畅通，方便与学院（中心）联络。网络在线考试时，每名监考教师原则上限监考6～10名考生。

第六章 监考人员守则

第十九条 监考人员应在考试开始前到指定地点领取试题、试卷、草纸及考试备品，提前30分钟进入考场；公布考场座次图，认真组织学生彻底清理考场，要求学生除必要文具外将手机、笔袋（文具盒）、教材、笔记、书报、纸张等所有物品放在远离学生的指定位置。在黑板上写明本场考试科目，并做好考试前试卷分发准备工作。

第二十条 在考试前，组织学生按要求坐好，把身份证、学生证等有效证件放在桌子右上角，提示学生考试期间不得离开考场，不得随身携带手机等通信工具，考试开始前10分钟宣读《吉林大学本科学生考场守则》及有关注意事项。

第二十一条　在考前5分钟当众开启试卷密封袋（密封袋上要请2名考生当场签名证明），认真填写《考场记录》，并按当场考生实考人数分发试卷。

第二十二条　检查核对试题的份数，准确掌握应试及缺考名单。按时组织考试，向学生分发试题、试卷和草纸。指导学生在试卷上认真填写姓名、学号、专业及考试科目等项目后，宣布开始考试。

第二十三条　对试题内容不得做任何解释，但学生对试题文字不清之处提出询问时，应予答复。

第二十四条　考试期间要坚守岗位、认真履职、严格要求、大胆管理、巡回监考，不离岗、不闲谈、不吸烟、不看书报、不浏览手机、不做任何影响考试的事情。

第二十五条　发现学生有违纪行为时，必须当即查处，在《考场记录》《考试违纪、作弊记录单》有关栏目内详细登记有关情节，监考人员和学生本人签字后，让学生马上离开考场。

第二十六条　考试结束前15分钟，提醒学生抓紧时间做题。考试时间结束，宣布停止答卷，收好试题、试卷等所有考试材料后，清点份数并送回考务办公室；将《考场记录》《考试违纪、作弊记录单》交回学院（中心），并报告考试情况。

第二十七条　对因清理考场不彻底，造成考场混乱，学生乘机抄袭；因未认真宣读《吉林大学本（专）科学生考场守则》造成较多学生违纪；因工作疏忽，未能发现学生违纪的行为；违反监考纪律、营私舞弊者，学校将按《吉林大学本（专）科教学事故认定及处理办法》进行处理。

第七章　试卷评阅与复核

第二十八条　学校对同一课程，实行统一地点、统一时间、试卷密封、集体评阅、流水作业、全面复核的试卷评阅制度。教师应按照评分标准，公正、科学地评阅试卷，在考试结束后五个工作日内，完成试卷评阅工作。

第二十九条　对实行非标准答案考试的答卷评阅，须2人（含）以上的教师同时评阅，取其平均分为该答卷的成绩。

第三十条　评阅试卷一律采用加分（得分）的方式。每道题务必给出的得分，要有采分点，书写得分要明确、清晰。试卷评阅后，所得总分应等于各题得分的总和，平时成绩不应该在卷面上体现。

第三十一条　必须使用红色笔评阅试卷，决不允许使用蓝色、黑色等颜色的笔。使用铅笔预评试卷，要保证卷面干净、整洁。

第八章　成绩评定与登录

第三十二条　考试成绩

（一）一般情况下，考试成绩应包括平时成绩、期中考试成绩和期末考试成绩等几部分。平时成绩和期中考试成绩所占比例应在30%～50%；实践性很强的课程和部分专业课程，平时成绩和期中考试成绩所占的比例可达70%；具体比例由开课单位的系、教研室或课程组根据课程性质及课程要求来明确确定，不得由教师随意确定。期末考试卷面分应为100分。

（二）平时成绩考核要侧重过程性考核，平时成绩的核定要有完整的支撑材料，不能单纯以出勤作为平时成绩的最终考核，要以课堂提问、小组讨论、作业、论文、实验报告，以及期中考试等多种形式对学生进行平时成绩考核，进而达到最大限度地反映学生对知识的掌握情况的目的。平时成绩应有独立规范的成绩单。

（三）试卷卷面分数及平时成绩应与学生原始成绩单、网上登录成绩相符。

第三十三条　成绩登录

阅卷结束后，各系或教研室要统一组织任课教师拆封试卷并在阅卷结束三个工作日内登录学生成绩。

第三十四条　成绩核定采取百分制或五级制记分，一般情况下，考试课采用百分制记分，考查课可以采用五级制记分。百分制以0分—100分记分。五级制以优秀（A）、良好（B）、中等（C）、及格（D）和不及格（F）五个等级记分。百分制与五级制成绩对应方式为：90—100分为优秀、80—89分为良好、70—79分为中等、60—69分为及格、59分以下为不及格。

第三十五条　学生单科成绩单上必须有任课教师和教研室主任签字，并加盖成绩单专用章方可生效。

第九章　试卷分析

第三十六条　试卷分析是考试工作的重要环节，要认真、细致、全面。试卷分析以课程为单位，即每门课程做一个分析并将《试卷分析报告》与试卷一起交学院（中心）存档备查。

考试分析原则上应包含以下内容：（一）基本数据状态分析，正态分布曲线情况；（二）试题分析，包括试题的难度、区分度等；（三）考试效度分析，包括试题与教学大纲的吻合度，与培养目标的达成度；（四）教师教学分析；（五）学生学习效果分析；（六）改进措施等。

第三十七条　考试成绩应呈正态分布，原则上优秀率（90分以上成绩）应控制在30％以内，不合格率（59分以下成绩）应控制在20％以内。

第三十八条　如考试成绩不呈正态分布，优秀率高于30％、不合格率高于20％等情况，要认真分析原因，进一步改进教学和考试工作。

第十章　复核制度

第三十九条　各教学单位要建立考试工作自查复核制度。

第四十条　所有试卷都要经过复核，复核签字手续要齐全。只有一位任课教师的课程，系或教研室主任要指定另一位教师对该课程的试卷进行复核。复核后，在试卷封面上加盖学校统一制作的"吉林大学本科试卷审核专用章"，审核人签字。

第四十一条　试卷评阅结束后，各教学单位主管教学工作的领导要组织系、教研室主任、课程负责人、学院督学员及相关人员，对本单位考试命题、试卷评阅、考试分析、成绩登录、考试管理等情况进行自查。自查复核工作可以采取随机抽取方式，抽查率不低于30％，并填写《期末考试试卷复查表》，特殊情况要另行做出书面的自查复核报告。

第四十二条　每学期初学校教务处将组织校级督学员、有关人员对各教学单位的考试组织与管理情况进行抽查。

第四十三条　学生对考试成绩申请复核，需在新学期开学十个工作日内填写《吉林大学考核成绩复查、修改登记表》，由学生所在学院教学院长签字盖章后与开课单位教学秘书联系成绩复核事宜。开课单位接到学生成绩复核申请后，于五个工作日内安排试卷查阅工作。查阅试卷时需由主管教学副院长、任课教师和教学秘书共同完成，如不能达到统一意见，则由学院教学委员会裁定，做出最后结论。

学生如有成绩改动，于新学期开学十五个工作日内将《吉林大学考核成绩复查、修改登记表》交至教务处教务科处理。

第十一章　其他要求

第四十四条　课程考核命题和阅卷实行回避制度。凡授课班级学生中有其直系亲属的任课教师，不得参与试卷命题、试卷印制、试卷判阅等。

第四十五条　学校鼓励教师进行课程考核方式及方法的改革。凡因课程建设和教学改革需要，对课程考核方式方法突破上述规定的，由课程组或任课教师根据课程的性质、内容和学生的实际情况认真研究提出，经教研室或系充分论证，报学院教学委员会审核通过、主管教学副院长审批后执行，同时报学校教务处备案。

第十一章 附 则

第四十六条 对港澳台侨学生、外国留学生、预科生的管理参照本操作细则执行。

第四十七条 本办法自公布之日起实施，由教务处负责解释。原《吉林大学本科生课程考核管理办法》（校教字〔2016〕103号）同时废止。

九、教学岗实验技术人员考核与激励办法

教学岗实验技术人员考核与激励办法按照《吉林大学实验技术人员考核与激励工作实施办法》有关规定执行。

第一章 总 则

第一条 根据教育部《教育部关于深化高校教师考核评价制度改革的指导意见》（教师〔2016〕7号）和《吉林大学教职工年度考核工作实施办法（教师以外系列）》（校发〔2017〕249号）精神和要求，为健全实验技术人员考核评价机制，完善激励政策，实现实验技术岗位工作考核的规范化、科学化、制度化，结合《高等学校实验室工作规程》（国家教委〔1992〕20号）等相关规定和实验技术岗位工作特点，制定本办法。

第二条 本办法适用于学校全民所有制事业编制在岗实验技术人员，以及以A类或B类人事代理方式聘用的实验技术人员。

第三条 与学校签订聘用协议的高端岗位实验技术人员，年度考核按照本办法执行，任（聘）期考核按协议进行。

第二章 考核原则

第四条 坚持公开、公平、公正原则。按照岗位特点，实事求是、规范合理、准确公正地进行行业绩评价。

第五条 坚持分类指导原则。依据岗位类别、岗位层次和学科特点，制定考核标准和要求。

第六条 坚持定性与定量相结合原则。要以德为先、业务为要、发展为本。

第七条 坚持年度考核与任（聘）期考核相结合原则。年度考核重在督促检查，着重年度基本工作任务完成情况；任（聘）期考核重在岗位职责履行情况的全面总结评价。

第八条　坚持分级管理与重心下移原则。以学校为主导、中层单位或挂靠公共中心（以下简称"中层单位"）为主体、实验室为基础，制定办法与细则，组织考核与评价。

<h2 style="text-align:center">第三章　方式与内容</h2>

第九条　根据不同的岗位分工，按教学实验技术类、科研实验技术类和公共平台实验技术类等三类，初级、中级、副高级、正高级、高端人才等五级进行考核。岗位类别与层级不同，考核侧重点不同，但工作量要达到本单位岗位分工要求的基本工作量。工作时间实行动态坐班制，每周不少于5天工作日坐班的小时数。

第十条　考虑学科特点的不同，学校负责制定统一宏观和指导性的指标；各"中层单位"根据学科和单位工作特点补充制定具有针对性和可操作性的具体指标；实验室也可进一步细化补充要求。

第十一条　考核内容主要包括思想觉悟与政治素质、工作态度与工作纪律、实验服务与管理、实验室建设与管理、实验方法研究与仪器功能开发、学习培训与理论总结、工作效果与满意度等方面。重点考核履行岗位职责与完成工作任务的情况，以及工作效率和服务质量。分总量要求和单项要求，设优秀、合格、基本合格、不合格标准。

第十二条　考核指标分7大类共100分，其中思想觉悟与政治素质10分、工作态度与工作纪律10分、实验服务与实验管理35分、实验室建设与管理25分、方法研究与功能开发5分、学习培训与理论总结5分、工作效果与满意度10分。

第十三条　基本合格总量最低要求为50分，合格总量最低要求为60分，基本合格与合格单项最低要求为思想觉悟与政治素质6分，工作态度与工作纪律6分，实验服务与实验管理21分，工作效果与满意度6分；优秀总量最低要求为90分，单项最低要求为思想觉悟与政治素质8分，工作态度与工作纪律8分，实验室建设与管理初中级职务10分、副高级职务以上的15分，方法研究与功能开发副高级职务以上的3分，学习培训与理论总结3分，工作效果与满意度8分。

第十四条　定性评价以组织鉴定和同事评议为主，定量评价依据本单位公布实施的量化考核指标进行。各"中层单位"要严格坚持标准，实事求是。被确定为优秀的人数，掌握在本单位接受考核人员总数的15%以内。

第十五条　年度考核期为每年的1月至12月，考核工作于当年12月份进行；任（聘）考核期为3年，考核工作在任（聘）期结束前的2个月内进行。

第四章　组织与程序

第十六条　在学校年度考核领导小组、考核工作小组的领导下，由人力资源和社会保障处（考核工作小组办公室，以下简称工作小组办公室）、实验室与设备管理处（以下简称业务管理部门）具体负责学校实验技术人员考核工作的组织实施。

第十七条　由各"中层单位"年度考核实施小组，负责本单位实验技术人员考核工作实施细则、具体指标的制定，考核工作的组织实施。

第十八条　各"中层单位"年度考核实施小组，应根据本实施办法，结合本单位实际情况，制定具体的实验技术人员考核实施细则和具体指标，并在单位内予以公示。无异议后经学校业务管理部门审核、工作小组办公室备案后，公布实施。

第十九条　各"中层单位"依据本单位公布实施的实验技术人员考核实施细则和具体指标，对实验技术人员进行年度考核。初步考核结果应在单位内予以公示，无异议后通过学校业务管理部门报学校工作小组办公室。如存在特殊问题，应形成详细书面材料并通过学校业务管理部门报学校工作小组办公室。

第二十条　学校年度考核工作小组审议确定各"中层单位"实验技术人员考核档次。如有极特殊情况的，报学校领导小组研究决定。

工作小组办公室向业务管理部门和"中层单位"反馈该单位实验技术人员考核结果，同时公布考核优秀人员名单。各"中层单位"考核实施小组按照规定程序将考核结果告知个人。

第二十一条　任（聘）期考核，在个人提交总结报告、提供分年度取得的相关工作业绩和成果材料证明基础上，各"中层单位"结合其年度考核结果进行审核和考核。初步考核结果在单位内公示无异议后，通过学校业务管理部门报学校工作小组办公室。

第二十二条　学校考核工作小组审核确认各"中层单位"实验技术人员任（聘）期考核档次。如有极特殊情况的，报学校年度考核领导小组研究决定。

工作小组办公室向业务管理部门和"中层单位"反馈该单位实验技术人员任（聘）期考核结果，同时公布考核优秀人员名单。各"中层单位"考核实施小组按照规定程序将任（聘）期考核结果告知个人。

第二十三条　实验技术人员对考核结果有异议的，可通过所在中层单位、学校业务管理部门向学校年度考核工作小组办公室申请复核。也可以提出申诉、再申诉，具体办法和程序按照《事业单位工作人员申诉规定》（人社部发〔2014〕45号）执行。

第五章　结果与应用

第二十四条　年度总分与单项分数不低于优秀最低要求的，年度考核结果为优秀；年度总分与单项分数未达到优秀最低要求，但不低于合格最低要求的，年度考核结果为合格；年度总分与单项分数未达到合格最低要求、但不低于基本合格最低要求的，年度考核结果为基本合格；年度总分或单项分数有低于基本合格最低要求的，年度考核结果为不合格。

第二十五条　任（聘）期内3年年度考核均为优秀的，任（聘）期为优秀；任（聘）期内2年年度考核为优秀、1年年度考核为合格的，可参加任（聘）期优秀评审。各"中层单位"任（聘）期考核优秀率一般不超过接受考核人员的15%。

任（聘）期内3年年度考核均为合格及以上、但未达到优秀的，任（聘）期为合格；任（聘）期内2年年度考核为合格、1年年度考核为基本合格或不合格的，可参加任（聘）期合格评审。任（聘）期内2年及以上年度考核为基本合格或不合格的，任（聘）期考核即为不合格。

第二十六条　特殊情况考核档次的确定。

（一）考核年度内考勤情况差，事假累计超过15个工作日（含）不足30个工作日的，旷工累计超过3个工作日（含）不足15个工作日的，迟到、早退累计超过30次（含）的，其年度考核结果不能确定为合格及以上档次。

（二）考核年度内考勤情况极差，事假累计超过30个工作日（含）的，旷工累计超过15个工作日（含）的。其年度考核结果直接确定为不合格档次。

（三）考核年度内病假累计6个月（含6个月，并按足月计算）以上的人员，不参加考核，不确定考核档次。

（四）考核年度内新聘的非初次就业的人员，可根据需要在征求其原单位工作意见的基础上确定考核档次。

（五）经组织批准派出学习、培训、执行其他任务或借调至其他单位工作的，可依据学习、培训所在单位提供的情况进行考核，确定考核档次。

（六）接受立案审查尚未结案的，参加年度考核，不确定考核档次，待结案后，根据案件结果，按照有关规定补定年度考核档次。

（七）受到警告处分的，在作出处分决定的当年，年度考核不能确定为优秀档次；受到记过处分的，在受处分期间，年度考核不得确定为合格及以上档次；受到降低岗位等级处分的，在受处分期间，年度考核不得确定为基本合格及以上档次。

（八）受党纪处分的工作人员，其年度考核按照中纪委、中组部、人事部《关于受党纪处分的党政机关工作人员年度考核有关问题的意见》（组通字〔1998〕19号）有关规定执行。

（九）对无正当理由不参加年度考核的工作人员，经教育后仍然拒绝参加的，其年度考核结果直接确定为不合格档次。

第二十七条　考核结果将作为实验技术人员聘用、解聘、奖惩、晋职、晋级和调整工资待遇等方面的重要依据。

（一）年度考核结果为合格及以上的，正常享受国家及学校规定的薪酬及相关福利待遇，可正常晋升职务。

（二）年度考核结果为基本合格的，不能增加薪级工资，不予发放本年度业绩津贴（包括与考核相关的单位业绩津贴部分）、奖励绩效；该基本合格年度不计入职务晋升的任职年限。

（三）年度考核结果为不合格的，不能增加薪级工资，不予发放本年度业绩津贴（包括与考核相关的单位业绩津贴部分）、奖励绩效，扣发本年度岗位津贴；考核不合格的下一年度不予晋升职务，该不合格年度不计入职务晋升的任职年限。

（四）年度考核为不确定档次的，不能增加薪级工资，不予发放本年度业绩津贴（包括与考核相关的单位业绩津贴部分）、奖励绩效；该年度不计入职务晋升的任职年限。

（五）连续2年度考核不合格的，低聘一级职务并降低相应的岗位等级；连续3年度考核不合格的，学校予以解聘。

（六）年度考核结果为优秀的，在同等情况下可优先晋升专业技术职务，优先推荐出国进修学习、岗位聘任等。连续3年或任（聘）期考核为优秀的，适当增加业绩津贴奖励。

第六章　附　则

第二十八条　附属医院及其他独立法人单位的实验技术人员考核，由各单位根据本实施办法，制定相应的考核办法执行。

第二十九条　本办法由人力资源和社会保障处、实验室与设备管理处负责解释。

第三十条　本办法自2018年1月1日起实施。

十、实践教学团队奖励办法

为表彰我校在实践教学中做出突出贡献的教师，鼓励和引导广大教师投入实践教学工作，不断提高实践教学水平和质量，经学校研究，决定设立"实践教学团队奖"。

（一）推荐方式

"实践教学团队奖"，每学年评选奖励一次，以学院为单位，各学院限推荐一个实践教学团队。公共基础教学单位可单独申报。

（二）评选对象

"实践教学团队奖"候选团队应承担相同课程代码的实验、实习课程或课程群。团队带头人师德高尚、学术造诣深厚、创新精神强。经过多年的建设，已建成发展目标明确、团队构成稳定、老中青师资搭配合理、整体实践教学水平高、学生评价优秀的实践教学团队。团队形成时间不少于三年。

（三）评选条件

1. 实践教学团队成员须由我校在岗专任教师或实验技术人员组成，具有坚定正确的政治方向，忠诚党和人民的教育事业，师德高尚，为人师表，立德树人，把思想政治工作贯穿于实践教学全过程，实践育人成效显著。团队人数原则上以不超过7人为宜。

2. 团队带头人应为具有正高级职称的在岗专任教师，品德高尚，具有较高的学术造诣和创新性学术思想，曾主持过校级及以上实践教学相关教改项目，长期致力于本团队课程建设和投身教学一线，近三学年一直坚持承担本实践课程（课程群）的教学工作，学生评价优秀，三学年总工作量不少于48学时。

3. 积极推动实践教学改革创新。团队能够根据社会发展对人才培养需要，及时更新实践教学内容，不断引入学科前沿及产学研紧密结合的实验项目，积极开发数字化实践教学资源，建立激发学生兴趣和潜能的实践教学方法，引导学生研究性学习、创新性实验和合作学习，培养学生发现、分析和解决问题的能力。在实践教学工作中有强烈的质量意识和完整、有效、可持续改进的教学质量管理措施，教学效果好，团队成员近三学年每人年均承担本实践课程（课程群）的教学工作量不少于60学时，团队无教学事故和学术不端行为。

4. 积极参加实践教学研究。近三年内，以团队形式承担过校级及以上实践教学改革相关项目至少1项，或获得过校级及以上实践教学相关成果奖至少1项。近五年内，团队成员公开发表实践教学相关论文不少于8篇，核心期刊论文不少于2篇。

5. 积极开展实践教学配套资源建设。近五年内，以团队形式编写校级及以上实践教学教材至少1部，或完成数字化实践教学资源建设项目1项。

6. 建立了有效的实践教学团队管理机制。通过对实践教学团队建设、实践教学效果评价、实践教学过程质量监控、团队成员实践教学考核方法等综合改革创新，建立起有效的团队建设与管理运行机制，为学校实践教学队伍建设提供示范性经验。

7. 荣获过"实践教学团队奖"的实践教学团队，三学年内不可重复申报。

（四）表彰及奖励

1. 学校公布获奖团队名单，给予业绩津贴奖励并发放奖励证书。奖励金额从学校年度教学奖励业绩津贴中支出。

2. "实践教学团队奖"可作为教师职务评定、教学荣誉表彰和海外研修等方面的重要依据。